微课版

中等职业教育规划教材

中华传统文化教育

主　编／孙　剑
副主编／孙启瑞　李孟磊　王同和
参　编／董　莉　徐媛玉　于静静
李　波　李　燕　李行远
张燕平　郭　璐

中国人民大学出版社
·北京·

图书在版编目（CIP）数据

中华传统文化教育 / 孙剑主编. -- 北京 : 中国人民大学出版社，2021.7
中等职业教育规划教材
ISBN 978-7-300-29459-9

Ⅰ.①中… Ⅱ.①孙… Ⅲ.①中华文化－中等专业学校－教材 Ⅳ.①G634.301

中国版本图书馆 CIP 数据核字（2021）第 139747 号

中等职业教育规划教材
中华传统文化教育
主　编：孙　剑
副主编：孙启瑞　李孟磊　王同和　李　波　李　燕　李行远
参　编：董　莉　徐媛玉　于静静　张燕平　郭　璐
Zhonghua Chuantong Wenhua Jiaoyu

出版发行 中国人民大学出版社
社　　址 北京中关村大街 31 号　　**邮政编码** 100080
电　　话 010－62511242（总编室）　010－62511770（质管部）
　　　　010－82501766（邮购部）　010－62514148（门市部）
　　　　010－62515195（发行公司）　010－62515275（盗版举报）
网　　址 http://www.crup.com.cn
经　　销 新华书店
印　　刷 北京瑞禾彩色印刷有限公司
开　　本 787 mm×1092 mm　1/16　　**版　　次** 2021 年 7 月第 1 版
印　　张 11　　**印　　次** 2024 年 8 月第 4 次印刷
字　　数 188 000　　**定　　价** 46.00 元

前言

PREFACE

党的二十大报告指出："中华优秀传统文化源远流长、博大精深，是中华文明的智慧结晶。"

中华优秀传统文化犹如波澜壮阔的长江大河，滋润了中国人民的心田，陶铸了中华民族的性格；又如宏大的历史画卷，具体生动地反映了中华民族的荣辱兴衰，蕴含着丰富的历史经验和教训。学习中华优秀传统文化，可以察古鉴今，彰往而知来。

本书以弘扬爱国主义、讲授中国传统文化、传承中华民族精神为核心，以提高学校教育文化品位、提升学生人文素养、增强学生文化自信为目的，力求在选材上贴近传统、贴近生活，内容包括思想文化、文学经典、人文艺术、衣食住行、民间节俗、古代科技等方面。本书强调知识性、科学性、趣味性相统一，试图通过这场溯源性质的探寻，去邂逅中华文明发展历程中，祖先给我们留下的一件件国之瑰宝、一个个中国脊梁，去感受其中展现的经典的力量、榜样的力量，去更深层地了解体悟中国人的责任担当、人格品格和道德追求。

在编写体例方面，本书主要设计了五个模块：传承经典——"选一篇好文"，与名家大师共赏传统文化魅力；旁征博引——"举一些例证"，扩大学生知识面；相关链接——"链接相关故事"，让学生了解更多与文化有关的生动故事；课程思政——"提出一点希望"，与核心价值观结合，加强课程思政；综合实践活动——“体验工匠精神”，设计实践作业，体验传统文化活动。

本书在编写过程中，参阅、借鉴了诸多著作和资料，在此，谨向有关作者表示诚挚的谢意。中国传统文化涉及哲学、社会学、艺术、自然科学、民俗等诸多领域，需要编者具备相当大的知识储备和去伪存真、去芜存菁的能力。鉴于编者水平有限以及资料收集的局限性，书中难免有不足之处，敬请专家、同行和广大读者批评指正，我们将在今后的修订过程中进一步梳理与完善。

编　者

目录

CONTENTS

第一章 思想文化

第二章 文学经典

第三章 人文艺术

第四章 衣食住行

第五章 民间节俗

第六章 古代科技

第一章 思想文化

中国是世界上少数几个文明古国之一，有文字可考的历史在四千年以上。中国传统思想源远流长，有将近三千年的发展历史，历经朝代更迭却始终一脉相承。中国传统思想记录了伟大的中华民族在漫长的岁月里认识世界、改变世界的艰难而曲折的历程，集中了中华民族的智慧，沉淀于中华民族文化的深层，成为中华民族的自信心、凝聚力和智慧洞察力的精神源泉。

思想是文化的核心，传统思想对中国古代政治、经济、哲学、文学、艺术、军事、宗教、科技、教育等方面有着深层次的影响，并发挥着潜移默化的作用。以传统思想为代表的精神文化最能体现中华民族优秀的传统文化，正是这些传统思想、美德，充分反映了中华民族对和平、安定生活环境的向往，对和谐、稳定社会秩序的期盼，对美好、富足生活的渴望，进而推动着中国社会的文明发展进程。

仁者爱人

传承经典

“仁，亲也，从人二。”“仁”是指人与人之间相互亲爱的一种关系，“仁爱”是中国传统文化的核心思想之一。《论语》中的“仁”以孝悌为本，包含了对人之爱和与人相处的恭、宽、信、敏等整个道德体系。孔子把“仁爱”作为最高道德原则、道德标准和道德境界，“仁爱”是《论语》核心思想的集中体现。

《论语》（节选）

一

子曰：“苟志于仁矣，无恶也。”

【讲解】

孔子说：“如果立志追求仁德，就不会再有邪恶了。”

二

子夏曰：“博学而笃志，切问而近思，仁在其中矣。”

【讲解】

子夏说：“广泛地学习并且笃守自己的志向，恳切地提问并且深刻思考眼前的事，仁就在这里面了。”

三

有子曰：“其为人也孝弟，而好犯上者，鲜矣！不好犯上，而好作乱者，未之有也。君子务本，本立而道生。孝弟也者，其为仁之本与！”

【讲解】

有子说：“为人孝顺父母、顺从兄长，而喜好冒犯上级，这样的人是很少见的。不喜好冒犯上级，而喜好造反，这样的人是没有的。君子专心致力于根本的事务，根本建立了，正道就随之产生。孝顺父母、顺从兄长，这就是仁的基础吧！”

四

樊迟问知。子曰：“务民之义，敬鬼神而远之，可谓知矣。”问仁。曰：“仁者先难而后获，可谓仁矣。”

【讲解】

樊迟问孔子怎样才算聪明。孔子说："致力于做符合人民利益的事，敬奉鬼神但要离它们远一些，就可以说是聪明了。"樊迟又问怎样才算有仁德。孔子说："有仁德的人，先经历实践的困难，而后才会有所得，这可以说是具备仁了。"

五

子贡曰："如有博施于民而能济众，何如？可谓仁乎？"子曰："何事于仁，必也圣乎！尧、舜其犹病诸！夫仁者，己欲立而立人，己欲达而达人。能近取譬，可谓仁之方也已。"

【讲解】

子贡说："假若有人能给老百姓很多好处又能周济大众，怎么样？可以算是达到仁了吗？"孔子说："岂止是仁，简直是圣人了！就连尧、舜尚且难以做到呢！至于仁人，就是自己想成功，也让别人能成功；自己想通达，也让别人能通达。凡事能就近找到例子，而推己及人地去做，可以说就是实行仁的方法了。"

六

颜渊问仁。子曰："克己复礼为仁。一日克己复礼，天下归仁焉。为仁由己，而由人乎哉？"颜渊曰："请问其目？"子曰："非礼勿视，非礼勿听，非礼勿言，非礼勿动。"颜渊曰："回虽不敏，请事斯语矣。"

【讲解】

颜渊问怎样做才是仁。孔子说："克制自己，一切都照着礼的要求去做，这就是仁。一旦这样做了，天下人就会用仁来称赞他。实行仁德，完全在于自己，难道还在于别人吗？"颜渊说："请问实行仁德的具体细节。"孔子说："不合于礼的不要看，不合于礼的不要听，不合于礼的不要说，不合于礼的不要做。"颜渊说："我虽然愚笨，请让我按照这些话去做吧。"

七

樊迟问仁。子曰："居处恭，执事敬，与人忠。虽之夷狄，不可弃也。"

【讲解】

樊迟问怎样才是仁。孔子说："生活起居端庄有礼，办事严肃认真，待人忠心诚意。即使到了夷狄之国，也不可背弃。"

八

子曰："刚、毅、木、讷，近仁。"

【讲解】

孔子说："刚强、果敢、朴实、慎言，这四种品德接近于仁。"

九

子张问仁于孔子。孔子曰："能行五者于天下，为仁矣。""请问之。"曰："恭，宽，信，敏，惠。恭则不侮，宽则得众，信则人任焉，敏则有功，惠则足以使人。"

【讲解】

子张问孔子什么是仁。孔子说："能够在天下实行五种品德就可以说是仁了。"子张问："请问是哪五种品德？"孔子说："恭敬、宽厚、诚实、勤敏、慈惠。恭敬就不致遭受侮辱，宽厚就会得到众人的拥护，诚信就能使别人为你效力，勤敏就会取得成功，慈惠就能够役使别人。"

旁征博引

孔子（前551—前479年），名丘，字仲尼，春秋时期鲁国陬邑（今山东曲阜）人，我国古代伟大的思想家、教育家，儒家学派的创始人。

孔子

孔子的祖先是宋国的贵族，因躲避宫廷祸乱逃到鲁国陬邑定居。孔子幼年丧父，自幼贫贱，但聪明好学，少年懂"礼"，靠"儒"（处理丧葬事务）的职业来维持生活。孔子五十岁时在鲁国从政，政绩显著，但由于政局混乱，五十五岁时被迫辞职出走。此后十三年，孔子带领弟子周游列国，以求施展其政治抱负、实现社会改革的理想，却四处碰壁。孔子六十八岁时回到鲁国，开始从事文化典籍的整理工作，修编删定了《诗》《书》《礼》《乐》《易》《春秋》，史称"六经"。

"仁"是孔子思想学说的核心。孔子所讲的"仁"既是人与生俱来的本性（"仁者，人也"），也是一种道德标准（"仁者爱人"），还是一种伦理观念（"孝弟也者，其为仁之本与"）。孔子在倡导"仁"的基础上，进而提出"大同"社会的理想："大道之行也，天下为公。"（《礼记·礼运》）这种大同社会实际上就是"仁"的精神得到充分而全面体现的社会。

相关链接

穆姜仁爱

李穆姜，汉朝人，年轻的时候丈夫陈文矩就去世了，留下自己生的两个儿子，还有他前妻生的四个儿子。前妻生的四个儿子认为自己不是李穆姜亲生的，所以时常说李穆姜的坏话，对她的感情也一天不如一天。可是，李穆姜照料他们兄弟四个人的衣食总比给亲生的儿子好上一倍。后来，前妻生的大儿子陈兴生重病，李穆姜亲自给他煎药熬汤，日夜看护，非常忧愁，神情憔悴。陈兴病好以后，对着三个同胞兄弟忏悔说："后母天性仁厚，十分慈爱，这样用心地抚养我们，我们还说她的短长，真是禽兽的心肠，我们的罪恶是何等深重啊！"于是，陈兴带着三个弟弟到县官面前，声明后母的仁慈和自己的罪恶，甘心受刑罚。县官把这件事告诉了知府，知府一面表扬李穆姜，一面应许这四兄弟改过自新。后来，兄弟四人都成了良善的书生。

以民为本

传承经典

民本思想在中国历史上产生了积极的作用，对我们今天构建和谐社会、维护世界和平具有重要价值。古今中外的历史警示我们，只有以民为本，国家才能兴旺昌盛，否则必遭灭亡。

寡人之于国也[1]

《孟子》

梁惠王曰："寡人之于国也，尽心焉耳矣[2]。河内凶[3]，则移其民于河东[4]，移其粟于河内；河东凶亦然[5]。察邻国之政，无如[6]寡人之用心者。邻国之民不加少[7]，寡人之民不加多，何也?"

孟子对曰："王好战[8]，请以战喻[9]。填然鼓之[10]，兵刃既接[11]，弃甲曳兵而走[12]。或[13]百步而后止，或五十步而后止。以五十步笑百步，则何如?"

曰："不可，直不百步耳[14]，是[15]亦走也。"

曰："王如知此，则无[16]望民之多于邻国也。

"不违[17]农时，谷不可胜食也[18]；数罟不入洿池[19]，鱼鳖不可胜食也；斧斤以时入山林[20]，材木不可胜用也。谷与鱼鳖不可胜食，材木不可胜用，是使民养生丧死无憾也[21]。养生丧死无憾，王道之始也[22]。

"五亩之宅，树之以桑，五十者可以衣帛矣。鸡豚狗彘之畜，无失其时，七十者可以食肉矣。百亩之田，勿夺其时，数口之家可以无饥矣。谨庠序之教，申之以孝悌之义，颁白者不负戴于道路矣。七十者衣帛食肉，黎民不饥不寒，然而不王者，未之有也。

"狗彘食人食而不知检[23]，涂有饿莩而不知发[24]；人死，则曰：'非我也，岁[25]也。'是何异于刺人而杀之，曰：'非我也，兵也。'王无罪岁[26]，斯天下之民至焉[27]。"

【注释】

〔1〕选自《孟子·梁惠王上》。梁惠王（前400—前319年），名罃（yīng），战国时

期魏国国君。魏国都城在大梁（在今河南开封西北），所以魏惠王又称梁惠王。

〔2〕尽心焉耳矣：（算是）尽了心啦。焉、耳、矣都是句末助词，叠加使用，加重语气。

〔3〕河内凶：河内遇到荒年。河内，今山西安邑一带。凶，谷物收成不好，荒年。

〔4〕河东：黄河以东的地方，在今河南济源一带。

〔5〕亦然：也是这样。

〔6〕无如：没有像……一样。

〔7〕加少：更少。加，更。

〔8〕好战：喜欢打仗。

〔9〕请以战喻：请允许我用打仗来作比喻。

〔10〕填然鼓之：咚咚地敲着战鼓。填然，指鼓声。鼓，敲鼓。

〔11〕兵刃既接：（两军）兵器已经接触，指战斗已经开始。

〔12〕弃甲曳兵而走：抛弃铠甲、拖着兵器逃跑。曳，拖着。走，跑，这里指逃跑。

〔13〕或：有的人。

〔14〕直不百步耳：只是没有（跑）百步罢了。直，只是、不过。

〔15〕是：代词，这，指代上文“五十步而后止”。

〔16〕无：同“毋”，不要。

〔17〕违：违背，违反。

〔18〕谷不可胜食也：粮食吃不完。

〔19〕数罟不入洿池：细网不进池塘，指防止破坏鱼的生长和繁殖。数（cù），密。罟（gǔ），网。洿（wū），深。

〔20〕斧斤以时入山林：砍伐树木要按照一定的季节。

〔21〕是使民养生丧死无憾也：使老百姓对生养死葬没有什么不满意的。养生，供养活着的人。丧（sāng）死，为死去的人办丧事。憾，遗憾、不满意。

〔22〕王道之始也：这就是王道的开端了。王道，以仁义治天下，这是儒家的政治主张。

〔23〕狗彘食人食而不知检：（诸侯贵族家）猪狗吃人所吃的东西却不加制止。

〔24〕涂有饿莩而不知发：路上有饿死的人却不知道开仓放粮。涂，同“途”，道路。饿莩（piǎo），饿死的人。发，开仓放粮以救济百姓。

〔25〕岁：年景，年成。

〔26〕罪岁：归咎于年成。罪，归咎、归罪。

〔27〕斯天下之民至焉：那么天下的百姓都会来归顺了。斯，则、那么。

齐王使使者问赵威后

《战国策》

齐王使使者问赵威后[1]，书未发[2]，威后问使者曰："岁亦无恙耶[3]？民亦无恙耶？王亦无恙耶？"使者不说[4]，曰："臣奉使使威后[5]，今不问王而先问岁与民，岂先贱而后尊贵者乎？"威后曰："不然，苟[6]无岁，何以有民？苟无民，何以有君？故有舍本而问末者耶？"

乃进而问之曰："齐有处士曰钟离子[7]，无恙耶？是其为人也，有粮者亦食[8]，无粮者亦食；有衣者亦衣[9]，无衣者亦衣。是助王养其民者也，何以至今不业[10]也？叶阳子[11]无恙乎？是其为人，哀鳏[12]寡，恤孤独[13]，振[14]困穷，补不足。是助王息[15]其民者也，何以至今不业也？北宫之女婴儿子[16]无恙耶？彻其环瑱[17]，至老不嫁，以养父母。是皆率民而出于孝情者也[18]，胡为至今不朝[19]也？此二士弗业，一女不朝，何以王齐国，子万民[20]乎？於陵子仲[21]尚存乎？是其为人也，上不臣于王，下不治其家，中不索[22]交诸侯。此率民而出于无用者，何为至今不杀乎？"

〔1〕齐王：战国时齐王建，齐襄王之子。赵威后：战国时赵惠文王妻。惠文王死，其子孝成王立，因年幼由威后执政。

〔2〕发：启封。

〔3〕岁亦无恙耶：年成还好吧？岁，年成。亦，语助词，无义。无恙，无忧，犹言"平安无事"。

〔4〕说：通"悦"，高兴。

〔5〕奉使使威后：奉使命出使到威后这里来。

〔6〕苟：假如。

〔7〕处士：有才能、有道德而隐居不仕的人。钟离子：齐国处士。钟离，复姓。子，古时对男子的尊称。

〔8〕食（sì）：拿食物给人吃。

〔9〕衣（yì）：拿衣服给人穿。

〔10〕不业：不使他做官以成就功业。业，使动用法。

〔11〕叶（shè）阳子：齐国处士。叶阳，复姓。

〔12〕鳏（guān）：老而无妻。

〔13〕恤：抚恤。独，老而无子。

〔14〕振：通"赈"，救济。

〔15〕息：繁育。

〔16〕北宫之女婴儿子：北宫氏的女子婴儿子。北宫，复姓。婴儿子，人名。

〔17〕彻：通“撤”，除去。环：指耳环、臂环一类的饰物。瑱：一种玉制的耳饰。

〔18〕是皆率民而出于孝情者也：这些都是带领百姓行孝的行为。

〔19〕不朝：不使她上朝。古时夫人受封而有封号者为“命妇”，命妇即可入朝。此句意即，为什么至今不封婴儿子为命妇，使她得以上朝见君呢？

〔20〕子万民：以万民为子，犹言“为民父母”。子，意动用法，以……为子。

〔21〕於（wū）陵子仲：齐国的隐士。於陵：齐邑名，故城在今山东长山县西南。

〔22〕索：求。

旁征博引

民本思想在中国文化中有着悠久的传统，其中最具代表性的一个表述就是孟子所说的“民为贵，社稷次之，君为轻”。意思就是，相对于社稷和君主而言，人民是最有价值的。在中国古代，“人”和“民”是既有联系又有所区别的两个概念。一般来说，“人”是相对于神和物而言，“民”是相对于国家政权和执政者而言。“仁者爱人”的“人”包括“民”在内。“社稷”本是国家祭祀的土谷之神，它成为国家政权的一个象征。“君”虽然是最高的执政者，但是与人民和社稷相比，“君为轻”，也就是君主的价值要次于人民和国家政权的价值。在儒家文化中民本思想高于王权思想，也就是“民贵君轻”。

孟子

相关链接

不惧权贵 心系百姓

官廉（1443—1484 年），明朝时期莱州平度人。十二岁时以优异成绩进学并成为廪生，十九岁时参加乡试中举人，二十一岁成进士。曾任户部主事，专管监督北京粮仓，其间革除了不少积弊。成化十四年（1478 年），直隶静海县贵戚侵夺民田百余顷，官廉奉命前往按治。他不避权贵，依法将田地判归百姓，以廉直而闻名。不久，又受命到直隶河间府赈济水灾饥民，他“多方筹划，晨夜罔倦”，拯救了数万灾民的生命，回京时，沿途百姓多泣涕相送。成化十六年（1480 年），直隶景州、阜平一带发生了皇庄侵夺民田百万亩的严重事件。明朝廷命已升任户部员外的官廉前往查处。管理皇庄的太监暗中派人告诉官廉：“如将田判给皇庄，必可高升。”官廉却愤激地说：“以数万百姓的生命换取一己之荣华富贵，誓所不为！”他坚持把田判归百姓，并上章建议朝廷改革皇庄收租过高之弊。同事者都怕侵害皇室利益会遭不测之祸，官廉却慨然宣称：“我是户部官员，此案一切后果，全部由我承担！”由于当时皇庄侵民已成严重问题，明朝廷终于批准了官廉的建议，使京畿百姓甚受其益。

诚实守信

传承经典

“诚信”包括“诚”和“信”两方面的内涵。“诚”主要是讲诚实、诚恳；“信”主要是讲信用、信任。“诚”“信”合在一起，就是指做人要忠诚老实，诚恳待人，以信用取信于人，对他人给予信任。无论我们在社会中扮演什么角色，诚实守信都是必备的美德之一。每个人都应该有这样的道德意识：做老实人，说老实话，办老实事；以信待人，以信取人，以信立人。

《史记·季布栾布列传》（节选）

楚人曹丘生，辩士，数招权顾金钱。事贵人赵同等，与窦长君善。季布闻之，寄书谏窦长君曰：“吾闻曹丘生非长者，勿与通。”及曹丘生归，欲得书请季布。窦长君曰：“季将军不说足下，足下无往。”固请书，遂行。使人先发书，季布果大怒，待曹丘。曹丘至，即揖季布曰：“楚人谚曰‘得黄金百，不如得季布一诺’，足下何以得此声於梁楚间哉？且仆楚人，足下亦楚人也。仆游扬足下之名於天下，顾不重邪？何足下距仆之深也！”季布乃大说，引入，留数月，为上客，厚送之。季布名所以益闻者，曹丘扬之也。

【讲解】

楚地有个叫曹丘的人，擅长辞令，能言善辩，多次借权势获得钱财。他曾侍奉过赵同等贵人，与窦长君也有交情。季布听闻此事便寄了一封信劝窦长君说：“我听说曹丘不是个德高望重的人，您不要和他来往。”等到曹丘回乡，想要窦长君写封信介绍他去见季布，窦长君说：“季将军不喜欢您，您不要去。”曹丘坚决要求窦长君写介绍信，终于得到，便起程去了。曹丘先派人把窦长君的介绍信送给季布，季布接到信果然大怒，等待着曹丘的到来。曹丘到了，就对季布作了个揖，说道：“楚人有句谚语说‘得到黄金百斤，比不上得到季布的一句诺言’，您怎么能在梁、楚一带获得这样的声誉呢？再说我是楚地人，您也是楚地人。由于我到处宣扬，您的名字天下人都知道，难道我对您的作用还不重要吗？您为什么这样坚决地拒绝我呢？”季布听后非常高兴，请曹丘进来，留他住了几个月，把他作为最尊贵的客人，送给他丰厚的礼物。季布的名声之所以远近闻名，这都是曹丘替他宣扬的结果啊！

楚人说："得黄金百，不如得季布一诺。"后世把这句话压缩为"一诺千金"，意思是指许下的一个诺言有千金的价值，形容说话算数、讲信用。

旁征博引

诚信，是我国公民的基本道德规范，也是中华民族宝贵的思想财富。这一宝贵的思想财富远在先秦时代就形成了。夏、商、周三代的先哲们，对诚信的论述如云，十分重视诚信的人格塑造。

《老子》讲："信言不美，美言不信。"意思是说：诚信的话不见得好听，好听的话不见得诚信。《晏子春秋》讲："言无阴阳，行无内外。"意思是说：言行一致是诚信的特征。《墨子》讲："言必信，行必果，使言行之合，犹合符节也，无言而不行也。"意思是说：说了就要做，做了就不要半途而废，使言行相符，就像符节那样，没有一句话是只说不做的。《论语》讲："民无信不立。"意思是说：大至一个民族，小到一个人，诚信都是立身之本。又讲："朋友信之。"意思是说：人与人的交往要讲诚信。又讲："主忠信。"意思是说：忠和信是人伦社会两大思想支柱。《礼记》讲："君子诚之为贵。"意思是说：诚信是有高尚道德水准的人最为宝贵的品格。又讲："所谓诚其意者，毋自欺也。"意思是说：诚信的定义就是不自欺欺人。《孟子》讲："诚者，天之道也；思诚者，人之道也。"意思是说：诚信是客观世界的要求；如何认识和实践诚信，是每一个人所言所行的正道。《荀子》讲："君子养心莫善于诚。"意思是说：有高尚道德的人提高思想品格，最根本是在诚信上下功夫。

古汉语中，"诚""信"是独立的两个字，没有这两个字的合成词。到了现代特别是白话文提倡以后，由于"诚""信"都有真实、不欺、可靠、相信的含义，人们为了加强语言表达的色彩，才发展出"诚信"这个词。

翻开五千年的中华民族史册，我们会无数次地看到：凡是讲"诚信"者，都收到良好的回报；凡是不讲"诚信"者，都遭到应得的惩罚。讲诚信而得人心，失人心者而失天下。古往今来的例子很多。

周幽王是西周最后一任国君。他亡国的原因很多，其中的一个重要原因便是不讲诚信，其最恶劣的表现是"烽火戏诸侯"。周幽王宠幸美女褒姒，可是褒姒难得一笑。为博褒姒一笑，周幽王下令点燃骊山烽火，传警诸侯。在周代，为了保卫都城镐京，由都城到边镇要塞沿途都设有烽火台，一有敌情，即点燃烽火，白日见烟，夜间观火，日传千里。诸侯得警，立刻兴师勤王，千里驰援。诸侯一见烽火升起，纷纷赶赴镐京援救。到了镐京城下，并不见一个敌人，弄得诸侯个个不知所措。褒姒站在城楼上，见城外诸侯匆匆赶来的狼狈相，果然大笑不止。殊不知，周幽王不以诚信为贵，反以行骗为乐，深深埋下了祸根。不久，犬戎真的入侵镐京了，尽管烽火又点燃起来，诸侯却一个也不前来援救了，周幽王不得不吞下他不讲诚信的苦果。

相关链接

公沙穆卖猪

公沙穆，东汉北海国胶东侯国（今平度市）人。幼年家贫，立志为学，潜心攻读《诗经》和《春秋公羊传》，并研究当时盛行的谶纬之学，逐渐学有所成，许多学者不远千里来到他所隐居的东莱山中拜访他。富人王仲劝他说：“当今之世，人们多是以财富求通达。像你这样的高才，只要有了财富，何愁功业不成！我愿赠你百万财货，如何？”公沙穆却婉言谢绝，表示“以货求位”不是自己的志愿。

一日，公沙穆家有患病之猪，他派家人到市上去把猪卖掉，再三叮嘱应对买主讲明实情，半价贱售，不可骗人。但家人还是把病猪当好猪卖了高价。公沙穆得知，当即拿了所得钱之一半，追上买者，说明原委，把钱退给了人家。公沙穆既博学，又有此类高行，于是名声越来越大，终于被北海国举为“孝廉”。

和合大同

传承经典

“天下大同”是中华民族对和谐世界的向往。《礼记·礼运》篇描绘了大同世界的美好图景。世界好比一个温暖和谐的大家庭，在这个大家庭里，人们息息相关、互助互爱、各得其所、其乐融融。“天之所覆，地之所载”，“天下”是一个开放性的概念，没有民族、国家、疆域的界限，天下之内，便是一家。“四海之内皆兄弟也”，无论远近，都如一家。这样的“天下观”为中国历代主张睦邻友好、和平安定的外交准则奠定了基础。孟子就曾批评白圭治水“以邻为壑”，虽然治好了本国的水患，却将洪水引到了邻国，为“仁人之所恶也”。

大道之行也

《礼记·礼运》

大道之行也，天下为公。选贤与能，讲信修睦。故人不独亲其亲，不独子其子，使老有所终，壮有所用，幼有所长，矜寡孤独废疾者皆有所养。男有分，女有归。货恶其弃于地也，不必藏于己；力恶其不出于身也，不必为己。是故谋闭而不兴，盗窃乱贼而不作，故外户而不闭，是谓大同。

【讲解】

在大道施行的时候，天下是人们所共有的，把品德高尚的人、能干的人选拔出来，讲求诚信，培养和睦气氛。所以人们不单奉养自己的父母，不单抚育自己的子女，要使老年人能终其天年，中年人能为社会效力，让年幼的孩子能顺利成长，让老而无妻的人、老而无夫的人、幼而无父的人、老而无子的人、残疾人都能得到社会的供养。男子有职务，女子有归宿。反对把财货扔在地上的浪费行为，不是为了占为己有；人们都愿意为公众之事竭尽全力，而不一定为自己谋私利。因此奸邪之谋不会发生，盗窃、造反和害人的事情不发生。所以大门都不用关上了，这叫作理想社会。

天下贵大同

刘基《郁离子》

海岛之夷人好腥，得虾、蟹、螺、蛤皆生食之，以食客，不食则咻焉。裸壤之国不衣，风冠裳则骇，反而走以避。五溪之蛮羞蜜唧而珍桂蠹，贡以为方物，不受则疑以逖。郁离子曰："世之抱一隅之闻见者，何莫非是哉！是故众醉恶醒，众贪恶廉，众淫恶贞，众污恶洁，众枉恶直，众惰恶勤，众佞恶忠，众私恶公，众嫚恶礼，犹鸱鸮之见人而赫也。故中国以夷狄为寇，而夷狄亦以中国之师为寇，必有能辨之者，是以天下贵大同也。"

【讲解】

海岛的夷人喜好鱼的腥味，得到虾、蟹、螺、蛤都生着吃掉，并用来招待客人，客人不吃，他们就吵嚷。裸壤国的人们不穿戴衣帽，见了衣帽就害怕，掉头逃跑以躲避。五溪的野人把鼠胎当作美好食物，把桂蠹当作精美食品，用来作为土产进贡，对方不接受，就疑心认为是疏远他。郁离子说："人世间抱着一个角落的见闻的人，没有一个不是这样的！所以众人都醉，厌恶清醒的；众人都贪，厌恶廉洁的；众人淫秽，厌恶贞洁的；众人污垢，厌恶洁净的；众人枉曲，厌恶正直的；众人懒惰，厌恶勤劳的；众人奸佞，厌恶忠诚的；众人为私，厌恶为公的；众人轻侮，厌恶礼义的，这就像鸱鸮见了人害怕一样啊。因此中原人把夷狄人当作贼寇，而夷狄人也把中原的军队视为贼寇，但必定存在有能力辨得清的人，所以天下贵在大同啊。"

旁征博引

美美与共，天下大同

费孝通老先生曾经意味深长地讲了一句16字箴言："各美其美，美人之美，美美与共，天下大同。"人们不仅要懂得各自欣赏自己创造的美，还要包容地欣赏别人创造的美，这样将各自之美和别人之美拼合在一起，就会实现理想中的大同美。大同美究其本质而言，就是拼合不同的美而达到的一种平衡。从整体上理解了这句话，我们不难得出坚持个体美与追求大同美之间并不矛盾，也就是说"各美其美"和"美美与共"是相辅相成的，而且前者是后者的前提和保障。

"各美其美"是指各个民族都有自己的价值标准，各自有一套自己认为是美的东西。这些东西在别的民族看来不一定美，能接受"各美其美"是一大进步。只有在民族间平等地往来频繁之后，人们才开始发现别的民族觉得美的东西自己也觉得美，这就是“美人之美”。这是高一级的境界，是超脱了自己生活方式之后才能达到的境界，这种境界的升华极其重要。再升华一步就是“美美与共”，即不仅能接受不同价值标准的存在，进而能赞赏不同的价值标准，那么离建立共同的价值标准就不远了。的确，“美美与共”是不同标准融合的结果，就达到了我们古代人所向往的“天下大同”。

我们先是发现自身之美，然后是发现、欣赏他人之美，再到相互欣赏、赞美，最后达到一致和融合。这就是费先生主张的“各美其美，美人之美，美美与共，天下大同”。

中国的“和”是包容差异、对立统一的“和”。孟子说，“物之不齐，物之情也”，也就是说，万物不同，是世界本来的特性。不唯如此，人的精神世界也各不相同，即“人心之不同，如其面焉”。精神世界的不同，进而造就了“十里不同风，百里不同俗”，不同国家有不同文化、文明，本就是自然且正常的现象。不光儒家，道家也尊重事物的差异性。庄子主张“齐物论”，但齐物论的前提是“听其不齐而自齐”，即先有“不齐”而后才能“齐”。再有，“和实生物，同则不继，以他平他谓之和，故能丰长而万物归之”，意思是，万物之所以能够生成、发展，本质正在于它们不同，不同才互有矛盾、互有补益，才能在对立、统一中实现否定之否定，螺旋式上升、发展。如果消弭了差异性，万物同构，那世界将不仅变得单调无聊，而且还会失去发展的动力与可能性。“一枝独放不是春，百花齐放春满园”，中国始终尊重各国文化与发展道路的差异，在追求本国利益的同时兼顾他国合理利益，在谋求自身发展中促进各国共同发展，便是“和而不同”的最佳诠释。

“合”是实现“和”的方法路径。“合”是守望相助、同舟共济、共同发展，是以开放、包容、尊重之心态，沟通、合作、协调，实现和平、和谐、进步。中华民族是一个向内求的民族，“吾日三省吾身”，在遇到冲突、矛盾时，首先做的是反省自己，从自身出发，然后“修己以敬”，修养自身德行，进而“修己以安人”，使周围的人安乐，最终“修己以安百姓”，使百姓安乐。这种由内而外、以德化人的理念影响了中国两千多年的外交理念。“远人不服，则修文德以来之。既来之，则安之。”由此可见，中国古代观念中，和平源自德行，而非武力。若远人不服，那就应修养文德，提高文化的向心力和吸引力，用道德的软性力量使其归顺，达到永世安宁、和平共处的目的。犬戎是西周西北部的一个部落，时常袭扰中原。古书中记载周穆王将伐犬戎，他的大臣劝谏说，“不可，先王耀德不观兵”。意思是，对待犬戎，应当学习先王，光耀美好的德行，而非诉诸武力。不但如此，还要“茂正其德而厚其性，阜其财求而利其器用，明利害之乡，以文修之，使之务利而辟害，怀德而畏威”，即要视犬戎如自己的百姓，努力端正他们的德行，使他们性情宽厚，增加他们的财富，改进他们的工具，指明利害相向，用礼法整顿他们，使他们明晓利害，怀念恩德而畏惧威力，这样才能“保世以滋大”。“宣德化以柔远人”，中国一以贯之，即使是在历史上国力最强盛、中华文明最发达的时代，中国也从未主动发起过对外侵略和扩张。

中国的“天下观”超越了国家和民族，跨越了文明的冲突，既体现了真正的人性，又包容了异质的文明。“修身，齐家，治国，平天下”，“天下”是一个高于“国家”的概念，超越了个人利益、集团利益和国家利益，指向的是人类共同的生存与发展。既然天下一家，那么一切问题便都是家庭内部问题，所有问题都可以通过协商得以妥善解决。这就既保证了世界的整体性，又包容了文明的多样性。这与西方强调国家利益、权力制衡，以对立和对抗为出发点的国际关系理念截然不同。钱穆先生在《晚学盲言》中这样论述中西方天下观的不同：“西方人视国外尽是敌，抑不许敌我之相安而并存。中国人之天下，则敌我一体，同此天，同在天之下，同为人，不同一政府，此谓小别而不同……当今世界已达到国家之上共有一个‘天下’的境界，天下不宁，国何得安?”在钱穆先生眼中，中外之不同，仅是国别、政府之不同，是“小别”，而天下之内，人与人没有根本区别，这是“大同”。他还将中国传统的“国之不存，家何以安?”上升到世界的高度，若世界不安宁，国家何以安宁？中国倡导的以和平与发展为出发点的合作共赢的新型国际关系，正是建立在这样的文化传统之上。

相关链接

桃花源记

陶渊明

晋太元中，武陵人捕鱼为业。缘溪行，忘路之远近。忽逢桃花林，夹岸数百步，中无杂树，芳草鲜美，落英缤纷。渔人甚异之，复前行，欲穷其林。

林尽水源，便得一山，山有小口，仿佛若有光。便舍船，从口入。初极狭，才通人。复行数十步，豁然开朗。土地平旷，屋舍俨然，有良田美池桑竹之属。阡陌交通，鸡犬相闻。其中往来种作，男女衣着，悉如外人。黄发垂髫，并怡然自乐。

见渔人，乃大惊，问所从来。具答之。便要还家，设酒杀鸡作食。村中闻有此人，咸来问讯。自云先世避秦时乱，率妻子邑人来此绝境，不复出焉，遂与外人间隔。问今是何世，乃不知有汉，无论魏晋。此人一一为具言所闻，皆叹惋。余人各复延至其家，皆出酒食。停数日，辞去。此中人语云：“不足为外人道也。”

既出，得其船，便扶向路，处处志之。及郡下，诣太守，说如此。太守即遣人随其往，寻向所志，遂迷，不复得路。

南阳刘子骥，高尚士也，闻之，欣然规往。未果，寻病终，后遂无问津者。

本章总结

课程思政

核心价值观成语故事选

社会主义核心价值观

党的十八大提出，倡导富强、民主、文明、和谐，倡导自由、平等、公正、法治，倡导爱国、敬业、诚信、友善，积极培育和践行社会主义核心价值观。24 个字的核心价值观包含了国家、社会、个人层面的价值取向和价值准则，亦是我国传统文化的精髓所在，有诸多相关成语典故，我们一起来学习学习吧。

【富强】——国泰民安

春秋时期，齐国国君齐桓公任用管仲为相，励精图治。管仲秉持“治国之道，必先富民”的理念，在齐国实行改革，实行“四民分业”，重视农业，并大力发展工商业，使齐国迅速富强起来，齐桓公成为“春秋五霸”之一。《汉书》中说：“至齐桓公任用管仲，而国富民安。”后“国富民安”逐渐演变为“国泰民安”。

【民主】——尧天舜日

上古时期有尧、舜、禹三位贤德明君。在原始社会里，部落联盟设有联盟会议，在尧年迈准备退位时，关于继承人的问题就成了会议的关键议题。当时有人推荐共工和舜二人，为了公平考核二人的能力，对二人分别赋予一定的权力并进行考验，最后选定舜担任继承人。舜继承帝位后，事必躬亲，亲力亲为，深受百姓的爱戴。

尧、舜在位期间，社会和谐，百姓安乐。舜死后又将部落首领的权力禅让给了联盟会议推选出来的禹。当时的禅让制在实质上是一种民主推选部落联盟首领的制度。

【文明】——程门立雪

程门立雪

宋代著名理学家杨时为了丰富自己的学问，放弃了高官厚禄，到河南颍昌拜程颢为师，虚心求教。后来程颢去世，杨时自己也有40多岁，但仍然立志求学，刻苦钻研，又到洛阳去拜程颢的弟弟程颐为师。有一天，他和朋友游酢一起拜见程颐，正遇上程老先生在闭目养神，二人不敢惊动打扰老师，就恭恭敬敬侍立在门外，等候先生醒来。这时候外面开始下雪，杨时冷得发抖，脚都冻僵了，但依然恭敬侍立。如此等了大半天，程颐一觉醒来，发现杨时二人通身披雪，脚下的积雪已一尺多厚了，赶忙起身迎他俩进屋，而杨时和游酢并没有一丝疲倦和不耐烦的神情。此后，“程门立雪”的故事就成为尊师重道的千古美谈，是文明的象征。

【和谐】——同心同德

商纣王骄奢淫逸，昏庸无能，还残害忠良，商朝在他的统治下摇摇欲坠。而属国周在周文王和周武王的领导下，渐渐强大起来。后来周武王联合其他各个诸侯国计划伐纣。周武王在伐纣誓师大会上说，商纣王虽有几十万大军，却离心离德，只要大家同一条心，为同一个目标奋斗，就一定能取得胜利。随后，周武王率领军队，一路势如破竹，在牧野与商朝军队发生大战，商朝的士兵纷纷倒戈。周武王的军队一鼓作气打到都城朝歌。商纣王见大势已去，焚火自杀，商朝灭亡。

【自由】——百家争鸣

百家争鸣是指春秋战国时期知识分子中不同学派涌现并著书立说、相互辩驳的局面。春秋战国时期，社会处于大变革、大动荡之中，各诸侯国为富国强兵，招贤纳士。铁器、牛耕的推广使生产力大为提高，社会经济的发展为文化传播提供了物质条件。当时私学兴起，涌现出许多学者和思想流派，如道、儒、墨、法、名、兵、农、阴阳等家，尤以孔子、老子、墨子为代表的儒、道、墨三大家最盛，形成诸子百家争鸣的繁荣局面。

【公正】——大公无私

春秋时期，有一天，晋平公问祁黄羊："南阳县缺个县令，你觉得派谁去最合适？"祁黄羊想了想，说："解狐最合适！"晋平公觉得很奇怪，问："解狐不是你的杀父仇人吗？你为什么推荐他？"祁黄羊回答道："你只问我什么人最适合这个职位，并没有问我解狐是不是我的仇人呀！"解狐到南阳县上任后，果然大有作为，为当地百姓办了不少好事，受到人们的称颂。

又有一天，晋平公又问祁黄羊："朝廷里需要一位掌管军事的官，谁能胜任？"祁黄羊回答："祁午！"晋平公说："祁午不是你儿子吗？你推荐自己的儿子，不怕别人说闲话吗？"祁黄羊说："你只问我谁可胜任，并没有问我祁午是不是我的儿子呀！"祁午上任后，非常称职，深受人民的爱戴。

孔子十分称赞祁黄羊，说他是个公正严明的人，称得上是"大公无私"。

【法治】——秉公执法

武则天时期，残酷狱吏皇甫文备污蔑当时主管刑罚的徐有功与乱党勾结。经查实，发现并无此事，徐有功得以免罪。不久之后，皇甫文备被他人告发有谋逆之嫌，但徐有功却按照法律制度公正地来处置他。有人问徐有功："他之前诬陷你，要置你于死地，你为何不抓住这个好机会报复他呢？"徐有功回答道："你说的是私仇，我现在是公正执法，怎么可以因为私仇而影响断案的公正呢？"

【爱国】——精忠报国

岳母刺字

岳飞的母亲姚太夫人，是古代四大贤母之一，在国家危亡之际，励子从戎，精忠报国，被传为佳话。

岳飞年少时，北方的金人南侵宋朝，当权者腐败无能，节节败退，百姓流离失所，岳飞投军抗金。不久因父丧，岳飞退伍还乡守孝。靖康元年（1126 年），金兵大举入侵中原，岳飞再次投军。临行前母亲先在岳飞背上写了“精忠报国”四个字，然后用绣花针刺了，又涂上醋墨，让他永远铭记在心。从此，“精忠报国”四个字就永不褪色地留在了岳飞的后背上。母亲的鼓舞激励着岳飞。岳飞投军后，很快因作战勇敢升秉义郎。这时宋都开封被金军围困，岳飞随副元帅宗泽前去救援，多次打败金军，受到宗泽的赏识，后来成为著名的抗金英雄，为历代人民所敬仰。

【敬业】——鞠躬尽瘁，死而后已

诸葛亮，字孔明，三国时期蜀汉丞相。223 年，刘备白帝城临终托孤。诸葛亮辅佐后主刘禅治理蜀国，事必躬亲，采取一系列富国强兵措施，使蜀国逐渐强盛起来。他东联孙权，北拒曹操，南征孟获。为了主公刘备生前的梦想，他曾先后六次率军队攻打魏国，争夺中原。

228 年冬天，诸葛亮又一次集结军队，出兵北伐。临出征前，诸葛亮给刘禅写了篇名为《后出师表》的呈文，分析形势，表明决心。结尾处，诸葛亮写了“臣鞠躬尽瘁，死而后已”这句话，表明自己要忠诚谨慎地拿出全部力量，一直到死为止。但是由于蜀魏实力悬殊，诸葛亮竭尽全力指挥作战，终因积劳成疾，卒于五丈原军中，兑现了自己的承诺。“鞠躬尽瘁，死而后已”，表示呕心沥血，竭尽全力，贡献出自己的一切。

【诚信】——一诺千金

秦朝末年，政治黑暗，百姓生活痛苦不堪，还要负担沉重的徭役赋税。季布心中仰慕古代的游侠，立志当一个除恶济贫、说话讲信用的人。他沿着长江漫游，沿途帮助穷苦人民，主持正义，他凡是答应过的事情就一定会做到，在长江中游一带很有名声。老百姓都说：“得黄金百斤，不如得季布一诺。”后来，他得罪了汉高祖刘邦，被悬赏捉拿。结果他旧日的朋友不仅不被重金所诱，反而冒着灭九族的危险来保护他，使他免遭祸殃。

后来这个故事演变为成语“一诺千金”。一个人诚实有信，自然得道多助，能获得大家的尊重和友谊。

【友善】——负荆请罪

这个故事出自司马迁的《史记·廉颇蔺相如列传》。

战国时赵国的舍人蔺相如奉命出使秦国，不辱使命完璧归赵后，被封为上大夫。之后他又陪同赵王赴秦王设下的渑池会，使得赵王免受侮辱，于是被封为卿，位列老将廉颇之上。廉颇认为自己戎马一生，出生入死，立下了赫赫战功，如今却被一个小小的文弱书生只凭口舌之功就骑在头上，很不服气，逢人便说："若是让我见了他，必定羞辱于他！"蔺相如知道此事后，便请病假不上朝，有意回避廉颇。旁人起初都以为是蔺相如怕了廉颇，蔺相如说："诸位认为廉将军和秦王相比谁厉害？面对秦王，我尚且敢当庭呵斥他，岂会怕廉将军？强大的秦国之所以不敢攻打赵国，是因为有我和廉将军在，如若现在我们两虎相争，势必不能共存，我这样做都是以国家大事为重，私人恩怨皆为小事。"

廉颇听闻之后，脱去上衣，背负荆条至蔺相如门前请罪。之后二人和好，成为生死之交，共同携手辅助赵王治理国家。

平语近人

《礼记·大学》说："大学之道，在明明德，在亲民，在止于至善。"古今中外，关于教育和办学，思想流派繁多，理论观点各异，但在教育必须培养社会发展所需要的人这一点上是有共识的。培养社会发展所需要的人，说具体了，就是培养社会发展、知识积累、文化传承、国家存续、制度运行所要求的人。所以，古今中外，每个国家都是按照自己的政治要求来培养人的，世界一流大学都是在服务自己国家发展中成长起来的。我国社会主义教育就是要培养社会主义建设者和接班人。

——节选自习近平在北京大学师生座谈会上的讲话（2018 年 5 月 2 日）

综合实践活动

参观文化展馆　领略家乡文化

主题：参观文化馆、博物馆，了解你家乡的历史变迁、文化传承、山水古迹。

要求：做参观笔记，拍照片或视频（博物馆允许的前提下）。

总结：分小组进行口头讨论交流，交流结束后，整理参观笔记，完成作业并上交。

第二章 文学经典

文学经典为什么被奉为经典？因为不论时光如何逝去，世界怎样改变，技术如何进步，这些文学作品依然能让很多代之后的人产生共鸣。

在浩如烟海的文学经典中，或许你倾心《诗经》之质朴、楚辞之浪漫、汉赋之华美，或许你崇尚率真任性、风流自赏的魏晋名士，或许你钟情于唐诗之大气、宋词之婉约，或许你尤爱那三国英杰之豪情、梁山好汉之侠义，或许你沉醉于唐僧师徒西游之神幻、红楼梦中人之儿女情长……

诗经风雅

传承经典

《诗经》，又称“诗三百”，是我国第一部诗歌总集。这本诗集共收集了自西周初年到春秋中叶（公元前 11 世纪至公元前 6 世纪）大约五百年间的诗歌三百零五篇，共四万余字。另外还有六篇仅见名目而不存文辞，宋代学者朱熹将其称为“笙诗”。《诗经》产生的地域在今黄河、渭水两岸及江汉之北。这些诗歌的作者姓名多不流传，可考证者极少，绝大部分篇章当为集体所作。《诗经》之成书大约为周代史官采编，据说曾经孔子校订整理。它在内容上分为“风”“雅”“颂”三类。“风”有十五国风，为各地民歌；“雅”有“大雅”“小雅”，为贵族乐歌；“颂”有“周颂”“商颂”“鲁颂”，是宗庙祭祀之歌。

芣苢〔1〕

采采〔2〕芣苢，薄言〔3〕采之。采采芣苢，薄言有〔4〕之。
采采芣苢，薄言掇〔5〕之。采采芣苢，薄言捋〔6〕之。
采采芣苢，薄言袺〔7〕之。采采芣苢，薄言襭〔8〕之。

〔1〕芣苢（fú yǐ）：野生植物，可食。一说是车前草。

〔2〕采采：茂盛的样子。

〔3〕薄言：“薄”“言”都是助词，无实义。

〔4〕有：取得，获得。

〔5〕掇（duō）：拾取，摘取。

〔6〕捋（luō）：从茎上成把地取下。

〔7〕袺（jié）：提起衣襟兜东西。

〔8〕襭（xié）：把衣襟掖在腰带上兜东西。

【讲解】

《芣苢》是《诗经·周南》中的一篇。一般认为，周南指周以南之地，是周公旦的封地，即今河南西南部及湖北西北部一带。《周南》为十五国风之一，大多数诗是西周末年、东周初年的作品。

静女

静女其姝[1]，俟[2]我于城隅[3]。爱[4]而不见，搔首踟蹰[5]。

静女其娈[6]，贻我彤管[7]。彤管有炜[8]，说怿女美[9]。

自牧归荑[10]，洵[11]美且异。匪[12]女之为美，美人之贻。

〔1〕姝：美丽、漂亮。

〔2〕俟（sì）：等待。

〔3〕城隅：城角。一说指城上的角楼。

〔4〕爱：通“薆”（ài），隐藏。

〔5〕踟蹰：徘徊不进。

〔6〕娈（luán）：美好。

〔7〕彤管：红色的管状物。

〔8〕炜（wěi）：色红而光亮。

〔9〕说怿（yuè yì）女美：喜爱你的美丽。女：通“汝”，指彤管。

〔10〕自牧归（kuì）荑：从远郊归来赠送我初生的茅草。归：通“馈”。

〔11〕洵：诚然、实在。

〔12〕匪：通“非”，表示否定判断。

【讲解】

《静女》选自《诗经·邶（bèi）风》。《邶风》共19篇，产生于燕地，即今天的河北南部和河南北部一带。《静女》描写了热恋中的男女青年约会时的生活情景，刻画了天真活泼、聪明可爱的少女和憨厚痴情的少年形象，表现了男女之间真挚的爱情。

《诗经》中的诗歌作者是谁？

与后世的诗歌集不同，《诗经》中的诗歌没有一篇标明作者。那么，这些诗歌到底是谁写的呢？又是怎么被编定成书的呢？

其实，《诗经》之作者绝大部分已经无法考证了，应该是散落在黄河流域各个阶层的庞大群体。其成分十分复杂，产生的地域也非常广泛，相当于今陕西、山西、河南、河北、山东及湖北北部一带。除了周王朝乐官制作的乐歌，公卿、列士进献的乐歌，还有许多原来流传于民间的歌谣。

关于这些民间歌谣是如何集中到朝廷来的，则有不同说法。汉代的一些学者认为，周王朝派专门的采诗人，到民间搜集歌谣，以了解政治和风俗的盛衰利弊。还有一种说法是，这些民歌是由各国乐师搜集的。乐师是掌管音乐的官员和专家，他们以唱诗作曲为职业，搜集歌谣是为了丰富他们的唱词和乐调。诸侯将乐歌献给天子，这些民间歌谣便汇集到朝廷里了。

具体说来，以如下三种说法为主：

其一，“王者采诗”之说。

《诗经》中诗歌的创作时间上起西周初年，下至春秋秦穆公时，绵延五个世纪；创作的地点几乎包括了整个黄河流域，加上长江、汉水一带，纵横上千里。怎样把众多的诗歌集中起来呢？《汉书·食货志》曰“孟春之月，群居者将散，行人振木铎徇于路，以采诗”，即说由天子指派官吏去全国各地采集诗歌。这样做的目的是什么？我们今天音乐和音乐文学的主要功能是消遣和娱乐，但在当时，政治目的显得更为明显，即通过采集各地诗歌，使“王者不出牖户，尽知天下所苦；不下堂而知四方”（何休《公羊解诂》）。

其二，“周朝太师编订”之说。

现代学者朱自清认为，《诗经》的编审权很可能在周王朝的太师之手。他在《经典常谈》中指出，春秋时各国都养了一班乐工，像后世富贵人家的戏班子，老板叫太师。各国使臣来往，宴会时都得奏乐唱歌。太师们不但要搜集本国乐歌，还要搜集别国乐歌。除了这种搜集来的歌谣外，太师们所保存的还有贵族们为了特定事情，如祭祖、宴客、房屋落成、出兵打猎等所作的诗，这些可以说是典礼诗；又有讽诗、颂美等的献诗，这些诗是臣下作了献给君上，准备让乐工唱给君上听的，可以说是政治诗。太师们保存这些唱本，附带乐谱、唱词共有三百多篇，当时通称作《诗三百》。各国的乐工和太师们是搜集、整理《诗经》的功臣，而统一的权力就非周王朝的太师莫属。

其三，“孔子删诗”之说。

此说起源于汉代。《史记·孔子世家》载：“古者诗三千余篇，及至孔子，去其重，取可施于礼义……三百五篇，孔子皆弦歌之，以求合韶武雅颂之音。礼乐自此可得而述。”《汉书·艺文志》上也记载了差不多的说法，都认为《诗经》篇目是由孔子选定的，把《诗经》的编纂之功归于孔子一人。

这些说法都有一定道理。但不论怎么收集来的，都会被一次次加工整理，因此也就成了一种集体创作，很少有留下名字的个体作者。这也就是说，《诗经》所标志的，是一个缺少个体诗人的诗歌时代。这是一种悠久的合唱，一种群体的美声。这里呈现出一个个被刻画的形象，却很难找到刻画者的身影。

相关链接

《诗经》是孔子要求儿子必读的一部书

孔子的儿子出生时，鲁国的国君鲁昭公送来一条鲤鱼表示祝贺。为了表示感念，孔子就给儿子起名孔鲤。按当时的礼制，以孔子的身份，为了表示敬重，父子是分开住的，孔子跟儿子的接触并不比别的学生多。《论语·季氏》里记载，有一天孔子在庭院里，正好孔鲤经过，孔子就叫住他问道：“你学《诗经》了没有？”孔鲤老老实实地回答：“没有。”孔子说：“不学诗，无以言。”意思是不学《诗经》，就连说话的材料都没有了。孔鲤回去就根据孔子的教导，开始学习《诗经》。

魏晋歌诗

传承经典

《古诗十九首》，组诗名，由南朝萧统从《古诗》中选录十九首编入《昭明文选》（又称《文选》）而成，是乐府古诗文人化的显著标志。《古诗十九首》深刻地再现了文人在汉末社会思想大转变时期，追求的幻灭与沉沦，心灵的觉醒与痛苦，其语言朴素自然，描写生动真切，具有浑然天成的艺术风格。《古诗十九首》抒发的是人生最基本、最普遍的情感和思绪，常读常新。刘勰在《文心雕龙》中称其为“五言之冠冕”，钟嵘在《诗品》中赞颂其“天衣无缝，一字千金”。

行行重行行

行行重行行，与君生别离。相去万余里，各在天一涯。
道路阻且长，会面安可知？胡马依北风，越鸟巢南枝。
相去日已远，衣带日已缓。浮云蔽白日，游子不顾反。
思君令人老，岁月忽已晚。弃捐勿复道，努力加餐饭。

【讲解】

译文：你走啊走啊，一直在不停地走，就这样与你活生生分开了。从此你我之间相距千万里，我在天这头，你就在天那头。路途那样艰险又那样遥远，要见面可知道是什么时候？北马南来仍然依恋着北风，南鸟北飞筑巢还筑在南枝头。彼此分离的时间越长越久，衣服越发宽大，人越发消瘦。飘荡的游云遮住了太阳，他乡的游子不念归返。只因为想你使我都变老了，又是一年很快地过去了。还有许多心里话都不说了，只愿你多保重，切莫受饥寒。

赏析：这是一首在东汉末年动荡岁月中的相思离乱之歌。这首诗使人无端悲戚，不禁为女主人公真挚痛苦的爱情呼唤所感动。

迢迢牵牛星

迢迢牵牛星，皎皎河汉女。纤纤擢素手，札札弄机杼。
终日不成章，泣涕零如雨。河汉清且浅，相去复几许？

盈盈一水间，脉脉不得语。

【讲解】

译文：看那遥远的牵牛星，明亮的织女星。（织女）伸出细长而白皙的手，摆弄着织机（织着布），发出札札的织布声。一整天也没织成一段布，眼泪如同下雨般零落。这银河看起来又清又浅，两岸相隔又有多远呢？虽然只隔一条银河，也只能含情凝视，却无法用语言交谈。

赏析：这首诗借神话传说中牛郎与织女被银河相隔而不得相见的故事，抒发了因爱情遭受挫折而痛苦忧伤的心情。

旁征博引

建安文学

东汉末年，社会动荡不安。沛国谯县（今安徽亳州）人曹操组建青州兵，挟持汉献帝，统一北方，形成了比较安定的社会环境。曹操父子皆有较高文学造诣，由于他们的提倡，一度衰微的文学有了新的生机。一大批文学家聚集铜雀台，用自己的笔直抒胸襟，抒发渴望建功立业的雄心壮志，兴起了我国诗歌史上文人创作的第一个高潮。由于当时正值汉献帝建安年间，故后世称之为“建安文学”。

建安文学在诗、赋、文方面的创作都有了新的突破，尤其是诗歌吸收了汉乐府民歌之长，情词并茂，具有慷慨悲凉的艺术风格，比较真实地反映了汉末的社会现实以及文人们的思想情操。代表作家是“三曹”（曹操、曹丕、曹植）和“七子”（孔融、陈琳、王粲、徐干、阮瑀、应玚、刘桢）。李白有“蓬莱文章建安骨”之句，可见建安文学对后世的深远影响。

曹操

曹操是建安文学的主将和开创者，今存其乐府诗二十余首，代表作《蒿里行》描写了军阀混战时期的惨景，《短歌行》更是脍炙人口的名篇。曹丕是曹操的次子，其诗歌委婉悱恻，多以爱情、伤感情绪为题材，两首《燕歌行》是现存最早的七言诗，其所著《典论·论文》是中国最早的文学理论与批评著作。

短歌行

曹操

对酒当歌，人生几何？譬如朝露，去日苦多。
慨当以慷，忧思难忘。何以解忧？唯有杜康。
青青子衿，悠悠我心。但为君故，沉吟至今。
呦呦鹿鸣，食野之苹。我有嘉宾，鼓瑟吹笙。
明明如月，何时可掇？忧从中来，不可断绝。
越陌度阡，枉用相存。契阔谈宴，心念旧恩。
月明星稀，乌鹊南飞。绕树三匝，何枝可依？
山不厌高，海不厌深。周公吐哺，天下归心。

【讲解】

一边喝酒一边高歌，人生短促，日月如梭。好比晨露转瞬即逝，失去的时日实在太多。席上歌声激昂慷慨，心中的忧愁难以忘却。靠什么来排解忧闷？唯有豪饮美酒方可解脱。那穿着青领（周代学士的服装）的学子啊，你们令我朝夕思慕。只是因为你的缘故，让我沉痛吟诵至今。阳光下鹿群呦呦欢鸣，悠然自得地吃着艾蒿。一旦四方贤才光临舍下，我将奏瑟吹笙宴请嘉宾。当空悬挂的皓月，何时可以摘取？我久蓄于怀的忧愤，喷涌而出不能停止。远方宾客踏着田间小路，一个个屈驾前来探望我。彼此久别重逢谈心宴饮，重温往日的恩情。月光明亮，星光稀疏，一群寻巢乌鹊向南飞去。绕树飞了三周却没敛翅，哪里才有它们的栖身之所？高山不辞土石才见巍峨，大海不弃涓流才见壮阔。我愿如周公一般礼贤下士，愿天下的英杰真心归顺于我。

陶渊明及其田园诗

陶渊明（352 或 365—427 年），字元亮，又名潜，私谥靖节，世称靖节先生。浔阳柴桑（今江西九江）人。东晋末至南朝宋初伟大的诗人、辞赋家。曾任江州祭酒、建威参军、镇军参军、彭泽县令等，最末一次出仕为彭泽县令，八十多天便弃职而去，从此归隐田园。他是中国第一位田园诗人，被称为“古今隐逸诗人之宗”，著有《陶渊明集》。

陶渊明

陶渊明自幼修习儒家经典，爱闲静，念善事，抱孤念，爱丘山，有猛志，不同流俗。他早年受过儒家教育，在那个老庄盛行的年代，也受到了道家思想的熏陶。

陶渊明是田园诗的开创者，他的田园诗以纯朴自然的语言、高远拔俗的意境，为中国诗坛开辟了新天地，并直接影响到唐代田园诗派。陶渊明的田园诗数量最多，成就也最高。他的诗中洋溢着劳动者的喜悦，表现出只有劳动者才能感受到的思想感情；也有反映自己晚年困顿状况的内容，可使读者间接地了解到当时农民的悲惨生活。这些诗充分表现了诗人鄙夷功名利禄的高远志趣和守志不阿的高尚节操；充分表现了诗人对黑暗官场的极端憎恶；充分表现了诗人对淳朴的田园生活的热爱，对劳动的认识和对劳动人民的友好感情；充分表现了诗人对理想世界的追求和向往。作为一名文人士大夫，表现出这样的思想感情、创作出这样的内容，在文学史上是前所未有的，在门阀制度和等级森严的社会里更显得可贵。

陶渊明的田园隐逸诗，对唐宋诗人有很大的影响。杜甫诗云："宽心应是酒，遣兴莫过诗。此意陶潜解，吾生后汝期。"苏东坡对陶渊明有很高的评价："渊明诗初看若散缓，熟看有奇句……大率才高意远，则所寓得其妙，造语精到之至，遂能如此。似大匠运斤，不见斧凿之痕。"

归园田居·其一

少无适俗韵，性本爱丘山。误落尘网中，一去十三年。
羁鸟恋旧林，池鱼思故渊。开荒南野际，守拙归园田。
方宅十余亩，草屋八九间。榆柳荫后檐，桃李罗堂前。
暧暧远人村，依依墟里烟。狗吠深巷中，鸡鸣桑树颠。
户庭无尘杂，虚室有余闲。久在樊笼里，复得返自然。

【讲解】

译文：从小即无随俗气韵，生性喜爱山川自然。谁知落入仕途俗网，一去便是一十三年。笼中之鸟怀恋旧林，池中之鱼思念故渊。南郊野外开垦荒地，恪守拙性归耕田园。住宅方圆十余亩地，简陋茅屋有八九间。榆柳树荫遮蔽后檐，桃树李树排列院前。远处村落依稀可见，飘荡升腾袅袅炊烟。深巷传来犬吠之声，雄鸡啼鸣桑树之巅。户内庭院清洁幽雅，心中纯净无比安闲。久困笼中渴望自由，我今又得返回自然。

赏析：此诗为组诗《归园田居》第一首，写诗人辞官归田的愉快心情和乡居的乐趣。开篇二句即表明自己异于世俗的禀性：爱丘山。一“误”字一“尘网”的比喻，写出诗人对仕途官场的厌倦。“羁鸟恋旧林，池鱼思故渊”，乃寓情志于景致的名句。由“开荒”“守拙”二句至本诗结尾，以乡村特有的景观作为寄寓本性之意象。“久在”句照应三四句，“复得”句照应一二句，全诗结构不着痕迹、浑然一体。

相关链接

阮籍的青白眼

阮籍对世俗礼教十分憎恶，对待母亲却十分孝顺，但又与众不同。他母亲病死的时候，阮籍正在和别人下围棋。对手得知他母亲去世的消息，就劝他终止棋局，他却非要把棋下完为止。

阮籍回到家中，一口气喝下了两斗酒，之后便放声痛哭，吐血不止。服孝期间，阮籍日渐憔悴。裴楷前来吊丧，看见阮籍发如乱草，匍匐于地，一脸醉意。于是，便自顾自走入灵堂，在灵前哭祭。

裴楷走的时候，没有和阮籍打招呼。于是有人就问他：“吊丧的人总是等主人开始哭泣后才行哭拜的祭礼，然而现在阮籍都不哭，你为什么要哭?”

裴楷回答说：“阮籍厌恶名教礼法，而我却不然，自然要遵守世俗的礼仪。”

次日，嵇喜来吊丧的时候，阮籍不但不打招呼，反而白眼相加。嵇喜见阮籍蔑视自己，心中不悦，在亡者灵前拜了一拜就走了。

嵇喜回到家中，将此事告诉弟弟嵇康，认为阮籍太傲慢无礼。嵇康安慰他说：“阮籍这个人就是这样，看不起那些热衷于功名利禄的人，凡是这种人，他都以白眼相对，你也不必放在心上。”

之后，嵇康带着一坛酒和一张琴前往阮籍家中吊唁。阮籍看到嵇康来了，神色缓和了很多，以青眼相对。

嵇康看到阮籍骨瘦如柴、面色蜡黄，知道他是因为丧母之痛而哀伤过度，但却并不忙着安慰他，只是和他对饮抚琴，以此来缓解阮籍心中的悲痛。

后来，人们便用“青眼”“垂青”表示对人的尊重或喜爱，用“白眼”表示对人的轻视或憎恶。

唐宋诗词

传承经典

唐代与宋代是华夏文明两个登峰造极的朝代。前者政治军事力量强大、经济发达、思想文化开放，开创了“大唐盛世”的繁荣景象；后者承前而来，在文学、艺术、科技、思想等方面都取得了辉煌的成就。用陈寅恪先生的话说，实乃“华夏文明造极”之世。唐之诗、宋之词，既是两个朝代成就最高的“一代之文学”，更是两个朝代各自社会历史的缩影，唐宋两代涌现出的杰出文人、优秀作品的数量之多，为中国文学史上所仅见，唐宋诗词里蕴积的思想情感的深度和厚度，也让千载之下的读者含英咀华、回味无穷。这既是唐宋诗词的魅力，亦是唐宋两代文明的魅力。

蜀道难

李白

噫吁嚱，危乎高哉！蜀道之难，难于上青天！蚕丛及鱼凫，开国何茫然！尔来四万八千岁，不与秦塞通人烟。西当太白有鸟道，可以横绝峨眉巅。地崩山摧壮士死，然后天梯石栈相钩连。上有六龙回日之高标，下有冲波逆折之回川。黄鹤之飞尚不得过，猿猱欲度愁攀援。青泥何盘盘，百步九折萦岩峦。扪参历井仰胁息，以手抚膺坐长叹。问君西游何时还？畏途巉岩不可攀。但见悲鸟号古木，雄飞雌从绕林间。又闻子规啼夜月，愁空山。蜀道之难，难于上青天，使人听此凋朱颜。连峰去天不盈尺，枯松倒挂倚绝壁。飞湍瀑流争喧豗，砯崖转石万壑雷。其险也若此，嗟尔远道之人胡为乎来哉？剑阁峥嵘而崔嵬，一夫当关，万夫莫开。所守或匪亲，化为狼与豺。朝避猛虎，夕避长蛇，磨牙吮血，杀人如麻。锦城虽云乐，不如早还家。蜀道之难，难于上青天，侧身西望长咨嗟！

【讲解】

这首诗大约作于天宝（唐玄宗年号，742—755 年）初年，李白袭用乐府古题，展开丰富的想象，着力描绘了秦蜀道路上奇丽惊险的山川，并从中透露了对社会的某些忧虑与关切。

登高

杜甫

风急天高猿啸哀，渚清沙白鸟飞回。
无边落木萧萧下，不尽长江滚滚来。
万里悲秋常作客，百年多病独登台。
艰难苦恨繁霜鬓，潦倒新停浊酒杯。

【讲解】

这首诗通过描写登高所见的秋日长江景色，倾诉了诗人长年漂泊、老病孤愁的复杂感情，表达了诗人忧国忧民、伤时叹己的情怀。诗人面对苍凉恢廓的秋景，想到自己流落他乡、年老多病的处境，生出无限悲愁之情。诗人备尝穷困潦倒之苦，忧国忧民，使自己白发日多，再加上因病断酒，悲愁就更难排遣。

江城子·密州出猎

苏轼

老夫聊发少年狂，左牵黄，右擎苍。锦帽貂裘，千骑卷平冈。为报倾城随太守，亲射虎，看孙郎。

酒酣胸胆尚开张，鬓微霜，又何妨。持节云中，何日遣冯唐？会挽雕弓如满月，西北望，射天狼。

【讲解】

本词为宋代文学家苏轼于密州知州任上所作，表达了强国抗敌的政治主张，抒写了渴望报效朝廷的壮志豪情。上阕首三句指出出猎题意，次写围猎时的装束和盛况，然后转写自己的感想：决心亲自射杀猛虎，答谢全城军民的深情厚谊。下阕叙述猎后开怀畅饮，并以魏尚自比，希望能够承担卫国守边的重任。结尾直抒胸臆，抒发杀敌报国的豪情。全词“狂”态毕露，充满慷慨激愤之情，气象恢宏，一反词作柔弱的格调，体现出阳刚之美。

声声慢·寻寻觅觅

李清照

寻寻觅觅，冷冷清清，凄凄惨惨戚戚。乍暖还寒时候，最难将息。三杯两盏淡酒，怎敌他、晚来风急！雁过也，正伤心，却是旧时相识。

满地黄花堆积，憔悴损，如今有谁堪摘？守着窗儿，独自怎生得黑！梧桐更兼细雨，到黄昏、点点滴滴。这次第，怎一个愁字了得！

【讲解】

本词通过描写残秋所见、所闻、所感，抒发词人孤寂落寞、悲凉愁苦的心绪。词风深沉凝重、哀婉凄苦，一改前期词作的开朗明快，今人读来，仍不胜唏嘘，感慨悲凉。

晚风、大雁、黄花、梧桐、细雨，绘成了一幅触目皆凄凉的秋色图：秋天的黄昏，词人茕茕孑立于窗前，她仰视南飞的大雁，不由得想起这正是往昔在北方见到的，不免触景伤情，生出悼亡之感，再看看窗外的黄花，枯萎、凋零，雨打梧桐，点点滴滴，无法抑制的泪水也就随之打湿了衣襟。这种情景交融、情景相生的手法，使这幅栩栩如生的画卷感人肺腑。

旁征博引

双星辉映——李白与杜甫

李白与杜甫，无疑是站在盛世之巅的诗人，他们代表了唐诗的最高成就。李白是盛唐文化孕育出的天才诗人，他的魅力就是盛唐的魅力，他的自信与自负、浪漫与狂傲、激情与浮躁，都展现了盛唐的时代性格和精神风貌。他豪放洒脱的气度、天马行空的想象力、自由创造的浪漫情怀，让他的诗歌达到了后人难以企及的高度。而杜甫则代表了另一种盛唐，他生活在唐代由盛转衰的历史转折点，他是时代的镜子，照映出安史之乱前后的社会变化。安史之乱之后，盛唐诗那种高高飘扬的热闹浓烈的理想主义光辉慢慢消退，开始在现实主义大旗的指引下直面淋漓的鲜血和惨淡的人生，中年的思虑送走了少年的情怀，唐诗开始呈现出一种全新的面貌，而这一切的转变，从杜甫开始。李白和杜甫是两种不同类型的诗人，他们双星辉映，照亮了唐诗的天空。

李白（701—762），字太白，号青莲居士，祖籍陇西成纪（今甘肃秦安），家世和出生地不详，五岁时随家迁居绵州昌隆县（今四川江油）。李白自称“五岁诵六甲，十岁观百家”（《上安州裴长史书》），“十五观奇书，作赋凌相如”（《赠张相镐二首》）。李白的青年时期，是在隐居与漫游中度过的。

开元十三年（725年）李白出蜀，“仗剑去国，辞亲远游”（《上安州裴长史书》），足迹遍布半个中国。天宝元年（742年）时，李白奉召入京，供奉翰林，但由于他狷介的性格，最终被朝中权贵排挤，于天宝三载（744年），被“赐金放还”。安史之乱爆发后，李白入永王李璘幕府，后因永王叛乱被牵连，流放夜郎。乾元二年（759 年），李白在流放途中遇赦。上元三年（762 年），在安徽当涂病逝，年六十二岁。

从李白的传奇一生中我们可以看到，盛唐士人主动入世、积极进取的人生理想，在李白身上达到了极致。他终年交游天下，一朝辅佐君王，他也曾慷慨从军，入幕为僚，他的诗歌天下传扬，他的足迹遍及半个中国，他看不起白首死章句的儒生，他以“济苍生”“安社稷”的英雄自诩，有着强烈的功名心，他始终幻想能“平交王侯”“一匡天下”。虽然现实并不如他所愿，但他始终保持着自信、自负的心态与豁达、昂扬的风貌。李白身上这种乐观向上的精神成为他最具魅力的人格徽章，在后人眼中，李白就是盛唐精神的化身。所以余光中先生在《寻李白》中写道：“酒入豪肠，七分酿成了月光，余下的三分啸成剑气，绣口一吐就半个盛唐。”

杜甫（712—770），字子美，自号少陵野老，生于河南巩县（今巩义市），是晋朝名将杜预之后，祖父杜审言是初唐著名诗人。杜甫从小受家庭的熏陶，忠君爱国、仁民爱物的儒家思想对他影响很大。杜甫年轻时曾先后游历吴越和齐赵，几次应试却都落第。他官场不得志，亲眼看见了唐朝上层社会的奢靡与社会危机。安史之乱爆发后，杜甫先后辗转多地，亲历了战争给百姓带来的伤痛。乾元二年（759 年）杜甫弃官入川，开始了他旅居西南的生活。晚年的杜甫穷困潦倒、疾病缠身，十分凄凉。最终于大历五年（770 年）冬，死于长江上的孤舟里，年五十九岁。

杜甫一生尚儒，关注劳动者和弱势人群，他用诗歌记录了大唐由盛转衰的过程，以及老百姓所承受的苦难，他也因此被后世称作“诗圣”，他的诗被称为“诗史”。他在安史之乱中写下著名的“三吏”“三别”，向我们真实地展现了战火中整个社会生活的广阔画面。其中《无家别》叙述了一个战败后还乡无家可归、重又被征的军人的遭遇，以此描写出战争带来的凋敝荒芜以及百姓的流离失所，全诗情感沉痛凄婉、感人至深。

与李白的逍遥洒脱不同，杜甫的情感和思想都很专注，他的诗也多一往情深。杜甫的诗内容深广，意境雄浑，感情深沉。他有意识地在表达情感时采取了节制的表现手法，所以他的诗有种厚重曲折的韵致。再加上杜甫写诗很注重用韵律的变化来配合表情达意的抑扬跌宕，让音调声情起伏迭变，因此他的诗歌更显得曲折、有力。杜诗这种特殊的风格，被后人称作“沉郁顿挫”。

李白喜欢写自由的古体诗，而杜甫更倾向于写结构严谨的律诗，非常注重诗歌的表现形式，对仗考究，用语准确精练，注意音韵平仄，极大地扩展了律诗的表现力。杜甫的律诗成就辉煌，对后世影响很大，标志着中国诗的格律走向了成熟。

相关链接

吟诗赴宴

相传苏轼二十岁的时候，到京师去科考。有六个自负的举人看不起他，备下酒菜请苏轼赴宴，打算戏弄他。苏轼接邀后欣然前往。入席尚未动筷子，一举人提议行酒令，酒令内容必须要引用历史人物和事件，这样就能独吃一盘菜。其余五人连声叫好。

“我先来，”年纪较长的说，“姜子牙渭水钓鱼！”说完捧走了一盘鱼。

“秦叔宝长安卖马！”第二位神气地端走了马肉。

“苏子卿贝湖牧羊！”第三位毫不示弱地拿走了羊肉。

“张翼德涿县卖肉！”第四位急吼吼地伸手把肉扒了过来。

“关云长荆州刮骨！”第五位迫不及待地抢走了骨头。

“诸葛亮隆中种菜！”第六位傲慢地端起了最后的一盘青菜。

菜全部分完了，六个举人兴高采烈地正准备边吃边嘲笑苏轼时，苏轼却不慌不忙地吟道：“秦始皇并吞六国！”说完把六盘菜全部端到自己面前，微笑道：“诸位兄台请啊！”六举人呆若木鸡。

明清小说

传承经典

当诗词文学度过唐宋黄金时期而走向式微之际，小说、戏剧等文学形式却在明清两代大放异彩。明代经济的发展和印刷业的发达，为小说脱离民间口头创作进入文人书面创作提供了物质条件。同时，不断扩大的市民阶层对文化娱乐的需求又大大刺激了这种创作。因此，从明代开始，小说这种文学形式充分显示出其社会作用和文学价值，打破了正统诗文的文坛垄断，在文学史上取得了与唐诗、宋词、元曲并驾齐驱的地位。明清是中国小说史上的繁荣时期，小说作品数量多、题材广、艺术手法各异，塑造了一系列生动、典型的人物形象，讲述了许多传奇、动人的故事。与此同时，这些作品再现了明清时期的社会风貌和百姓生活，它们多姿多彩、包罗万象，从而走进千家万户，成为大家至今都津津乐道的文学经典。

失街亭[1]

罗贯中

却说孔明在祁山[2]寨中，忽报新城探细人[3]来到。孔明急唤入问之。细作告曰："司马懿倍道而行[4]，八日[5]已到新城，孟达[6]措手不及；又被申耽、申仪、李辅、邓贤[7]为内应：孟达被乱军所杀。今司马懿撤兵到长安，见了魏主，同张郃[8]引兵出关，来拒我师也。"孔明大惊曰："孟达作事不密，死固当然。今司马懿出关，必取街亭，断吾咽喉之路。"便问："谁敢引兵去守街亭？"言未毕，参军[9]马谡[10]曰："某愿往。"孔明曰："街亭虽小，干系[11]甚重：倘街亭有失，吾大军皆休矣[12]。汝虽深通谋略，此地奈无城郭，又无险阻，守之极难。"谡曰："某自幼熟读兵书，颇知兵法。岂一街亭不能守耶？"孔明曰："司马懿非等闲之辈[13]；更有先锋张郃，乃魏之名将：恐汝不能敌之。"谡曰："休道司马懿、张郃，便是曹睿[14]亲来，有何惧哉！若有差失，乞斩全家。"孔明曰："军中无戏言。"谡曰："愿立军令状[15]。"孔明从之。谡遂写了军令状呈上。孔明曰："吾与汝二万五千精兵，再拨一员上将，相助你去。"即唤王平分付[16]曰："吾素知汝平生谨慎，故特以此重任相托。汝可小心谨守此地：下寨必当要道之处，使贼兵急切不能偷过。安营既毕，便画四至八道[17]

地理形状图本来我看。凡事商议停当而行，不可轻易。如所守无危，则是取长安第一功也。戒之！戒之！”二人拜辞引兵而去。

孔明寻思，恐二人有失，又唤高翔曰：“街亭东北上有一城，名列柳城，乃山僻小路，此可以屯兵扎寨。与汝一万兵，去此城屯扎。但街亭危，可引兵救之。”高翔引兵而去。孔明又思：高翔非张郃对手，必得一员大将，屯兵于街亭之右，方可防之，遂唤魏延引本部兵去街亭之后屯扎。延曰：“某为前部，理合当先破敌，何故置某于安闲之地？”孔明曰：“前锋破敌，乃偏裨[18]之事耳。今令汝接应街亭，当阳平关[19]冲要道路，总守汉中咽喉：此乃大任也，何为安闲乎？汝勿以等闲视之，失吾大事。切宜小心在意！”魏延大喜，引兵而去。孔明恰才心安，乃唤赵云、邓芝分付曰：“今司马懿出兵，与旧日不同。汝二人各引一军出箕谷[20]，以为疑兵[21]。如逢魏兵，或战、或不战，以惊其心。吾自统大军，由斜谷[22]径取郿城[23]；若得郿城，长安可破矣。”二人受命而去。孔明令姜维作先锋，兵出斜谷。

却说马谡、王平二人兵到街亭，看了地势。马谡笑曰：“丞相何故多心也？量此山僻之处，魏兵如何敢来！”王平曰：“虽然魏兵不敢来，可就此五路总口下寨；却令军士伐木为栅，以图久计。”谡曰：“当道岂是下寨之地？此处侧边一山，四面皆不相连，且树木极广，此乃天赐之险也：可就山上屯军。”平曰：“参军差矣。若屯兵当道，筑起城垣[24]，贼兵纵有十万，不能偷过；今若弃此要路，屯兵于山上，倘魏兵骤至，四面围定，将何策保之？”谡大笑曰：“汝真女子之见！兵法云：‘凭高视下，势如劈竹。’若魏兵到来，吾教他片甲不回！”平曰：“吾累随丞相经阵[25]，每到之处，丞相尽意指教。今观此山，乃绝地也：若魏兵断我汲水之道，军士不战自乱矣。”谡曰：“汝莫乱道！孙子云：‘置之死地而后生。’若魏兵绝我汲水之道，蜀兵岂不死战？以一可当百也。吾素读兵书，丞相诸事尚问于我，汝奈何相阻耶！”平曰：“若参军欲在山上下寨，可分兵与我，自于山西下一小寨，为掎角之势[26]。倘魏兵至，可以相应。”马谡不从。忽然山中居民，成群结队，飞奔而来，报说魏兵已到。王平欲辞去。马谡曰：“汝既不听吾令，与汝五千兵自去下寨。待吾破了魏兵，到丞相面前须[27]分不得功！”王平引兵离山十里下寨，画成图本，星夜差人去禀孔明，具说马谡自于山上下寨。

却说司马懿在城中，令次子司马昭去探前路：若街亭有兵守御，即当按兵不行。司马昭奉令探了一遍，回见父曰：“街亭有兵守把。”懿叹曰：“诸葛亮真乃神人，吾不如也！”昭笑曰：“父亲何故自堕志气耶！——男料街亭易取。”懿问曰：“汝安敢出此大言？”昭曰：“男亲自哨见[28]，当道并无寨栅，军皆屯于山上，故知可破也。”懿大喜曰：“若兵果在山上，乃天使吾成功矣！”遂更换衣服，引百余骑亲自来看。是夜天晴月朗，直至山下，周围巡哨了一遍，方回。马谡在山上见之，大笑曰：“彼若有命[29]，不来围山!”传令与诸将：“倘兵来，只见山顶上红旗招动，即四面皆下。”

却说司马懿回到寨中，使人打听是何将引兵守街亭。回报曰：“乃马良之弟马谡也。”懿笑曰：“徒有虚名，乃庸才耳！孔明用如此人物，如何不误事!”又问：“街亭左右别有军否?”探马报曰：“离山十里有王平安营。”懿乃命张郃引一军，当[30]住王平来路。又令申耽、申仪引两路兵围山，先断了汲水道路；待蜀兵自乱，然后乘势击之。当夜调度已定。次日天明，张郃引兵先往背后去了。司马懿大驱军马，一拥而进，把山四面围定。马谡在山上看时，只见魏兵漫山遍野，旌旗队伍，甚是严整。蜀兵见之，尽皆丧胆，不敢下山。马谡将红旗招动，军将你我相推，无一人敢动。谡大怒，自杀二将。众军惊惧，只得努力下山来冲魏兵。魏兵端然[31]不动。蜀兵又退上山去。马谡见事不谐[32]，教军紧守寨门，只等外应。

却说王平见魏兵到，引军杀来，正遇张郃；战有数十余合，平力穷势孤，只得退去。魏兵自辰时困至戌时，山上无水，军不得食，寨中大乱。嚷到半夜时分，山南蜀兵大开寨门，下山降魏。马谡禁止不住。司马懿又令人于沿山放火，山上蜀兵愈乱。马谡料守不住，只得驱残兵杀下山西逃奔。司马懿放条大路，让过马谡。背后张郃引兵追来。赶到三十余里，前面鼓角齐鸣，一彪军[33]出，放过马谡，拦住张郃；视之，乃魏延也。延挥刀纵马，直取张郃。郃回军便走。延驱兵赶来，复夺街亭。赶到五十余里，一声喊起，两边伏兵齐出：左边司马懿，右边司马昭，却抄在魏延背后，把延困在垓心[34]。张郃复来，三路兵合在一处。魏延左冲右突，不得脱身，折兵大半。正危急间，忽一彪军杀入，乃王平也。延大喜曰：“吾得生矣!”二将合兵一处，大杀一阵，魏兵方退。二将慌忙奔回寨时，营中皆是魏兵旌旗。申耽、申仪从营中杀出。王平、魏延径奔列柳城，来投高翔。此时高翔闻知街亭有失，尽起列柳城之兵，前来救应，正遇延、平二人，诉说前事。高翔曰：“不如今晚去劫魏寨，再复街亭。”当时三人在山坡下商议已定。待天色将晚，兵分三路。魏延引兵先进，径到街亭，不见一人，心中大疑，未敢轻进，且伏在路口等候。忽见高翔兵到，二人共说魏兵不知在何处。正没理会，又不见王平兵到。忽然一声炮响，火光冲天，鼓声震地：魏兵齐出，把魏延、高翔围在垓心。二人往来冲突，不得脱身。忽听得山坡后喊声若雷，一彪军杀入，乃是王平，救了高、魏二人，径奔列柳城来。比及奔到城下时，城边早有一军杀到，旗上大书“魏都督郭淮”字样。原来郭淮与曹真[35]商议，恐司马懿得了全功，乃分淮来取街亭；闻知司马懿、张郃成了此功，遂引兵径袭列柳城。正遇三将，大杀一阵。蜀兵伤者极多。魏延恐阳平关有失，慌与王平、高翔望阳平关来。

…………

却说孔明自令马谡等守街亭去后，犹豫不定。忽报王平使人送图本至。孔明唤入，左右呈上图本。孔明就文几[36]上拆开视之，拍案大惊曰："马谡无知，坑陷吾军矣！"左右问曰："丞相何故失惊？"孔明曰："吾观此图本，失却要路，占山为寨。倘魏兵大至，四面围合，断汲水道路，不须二日，军自乱矣。若街亭有失，吾等安归？"长史[37]杨仪进曰："某虽不才，愿替马幼常回。"孔明将安营之法，一一分付与杨仪。——正待要行，忽报马到来，说："街亭、列柳城，尽皆失了！"孔明跌足[38]长叹曰："大事去矣！——此吾之过也！"急唤关兴、张苞分付曰："汝二人各引三千精兵，投武功山[39]小路而行。如遇魏兵，不可大击，只鼓噪[40]呐喊，为疑兵惊之。彼当自走，亦不可追。待军退尽，便投阳平关去。"又令张翼先引军去修理剑阁，以备归路。又密传号令，教大军暗暗收拾行装，以备起程。又令马岱、姜维断后[41]，先伏于山谷中，待诸军退尽，方始收兵。又差心腹人，分路报与天水、南安、安定[42]三郡官吏军民，皆入汉中。又遣心腹人到冀县[43]搬取姜维老母，送入汉中。

…………

却说孔明回到汉中，计点军士，只少赵云、邓芝，心中甚忧；乃令关兴、张苞，各引一军接应。二人正欲起身，忽报赵云、邓芝到来，并不曾折一人一骑；辎重等器，亦无遗失。孔明大喜，亲引诸将出迎。赵云慌忙下马伏地曰："败军之将，何劳丞相远接？"孔明急扶起，执手而言曰："是吾不识贤愚，以致如此！——各处兵将败损，唯子龙不折一人一骑，何也？"邓芝告曰："某引兵先行，子龙独自断后，斩将[44]立功，敌人惊怕，因此军资什物，不曾遗弃。"孔明曰："真将军也！"遂取金五十斤以赠赵云，又取绢一万匹赏云部卒。云辞曰："三军无尺寸之功，某等俱各有罪；若反受赏，乃丞相赏罚不明也。且请寄库，候今冬赐与诸军未迟。"孔明叹曰："先帝在日，常称子龙之德，今果如此！"乃倍加钦敬。

忽报马谡、王平、魏延、高翔至。孔明先唤王平入帐，责之曰："吾令汝同马谡守街亭，汝何不谏之，致使失事？"平曰："某再三相劝，要在当道筑土城，安营守把。参军大怒不从，某因此自引五千军离山十里下寨。魏兵骤至，把山四面围合，某引兵冲杀十余次，皆不能入。次日土崩瓦解，降者无数。某孤军难立，故投魏文长[45]求救。半途又被魏兵困在山谷之中，某奋死杀出。比及归寨，早被魏兵占了。及投列柳城时，路逢高翔，遂分兵三路去劫魏寨，指望克复街亭。因见街亭并无伏路军[46]，以此心疑。登高望之，只见魏延、高翔被魏兵围住，某即杀入重围，救出二将，就同参军并在一处。某恐失却阳平关，因此急来回守。——非某之不谏也。丞相不信，可问各部将校。"孔明喝退，又唤马谡入帐。谡自缚跪于帐前。孔明变色曰："汝自幼饱读兵书，熟谙战法。吾累次丁宁告戒：街亭是吾根本。汝以全家之命，领此重任。汝若早听王平之言，岂有此祸？今败军折将，失地陷城，皆汝之过也！若不明正军律[47]，何以服众？汝今犯法，休得怨吾。汝死之后，汝之家小，吾按月给与禄粮，汝不必挂心。”叱左右推出斩之。谡泣曰：“丞相视某如子，某以丞相为父。某之死罪，实已难逃；愿丞相思舜帝殛鲧用禹之义[48]，某虽死亦无恨于九泉！”言讫大哭。孔明挥泪曰：“吾与汝义同兄弟，汝之子即吾之子也，不必多嘱。”左右推出马谡于辕门之外，将斩。参军蒋琬自成都[49]至，见武士欲斩马谡，大惊，高叫：“留人！”入见孔明曰：“昔楚杀得臣而文公喜[50]。今天下未定，而戮智谋之臣，岂不可惜乎？”孔明流涕而答曰：“昔孙武所以能制胜于天下者，用法明也。今四方分争，兵戈方始，若复废法，何以讨贼耶？合当斩之。”须臾，武士献马谡首级于阶下。孔明大哭不已。蒋琬问曰：“今幼常得罪，既正军法，丞相何故哭耶？”孔明曰：“吾非为马谡而哭。吾想先帝在白帝城临危之时，曾嘱吾曰：‘马谡言过其实，不可大用。’今果应此言。乃深恨己之不明，追思先帝之言，因此痛哭耳！”大小将士，无不流涕。

〔1〕节选自《三国演义》第九十五回、九十六回（人民文学出版社，1973年版）。题目为编者所加。罗贯中（约1330—约1400年），名本，元末明初小说家。街亭，在今甘肃省天水市秦安县城东。蜀后主建兴六年（228年），诸葛亮出师攻打魏国，在这里战败。

〔2〕祁山：在今甘肃礼县东。

〔3〕新城探细人：指诸葛亮派往新城侦察敌情的人。新城，在今湖北省十堰市房县。

〔4〕司马懿倍道而行：司马懿用加倍的速度行军。司马懿，字仲达，魏明帝时任大将军。

〔5〕八日：八天的时间。

〔6〕孟达：原来是蜀将，后来投降魏国，驻守新城，这时又同诸葛亮暗通消息，打算归蜀。

〔7〕申耽、申仪、李辅、邓贤：都是魏将。

〔8〕张郃（hé）：魏将。

〔9〕参军：官名。

〔10〕马谡（sù）：字幼常。

〔11〕干系：关系。

〔12〕休矣：完了。意思是断送了。

〔13〕等闲之辈：平常的人。

〔14〕曹睿：曹叡（ruì），魏明帝。

〔15〕军令状：旧小说、戏曲中，将士接受军令后所写的保证书，表示如完不成任务，愿依军法处刑。

〔16〕分付：吩咐。余同。

〔17〕四至：东西南北四方的界限。八道：八面通行的道路。

〔18〕偏裨（pí）：偏将，副将。

〔19〕阳平关：在今陕西省汉中市宁强县西北。

〔20〕箕谷：在今陕西省汉中市西北。

〔21〕疑兵：为迷惑敌人而布置的军队。

〔22〕斜谷：在今陕西省西安市周至县西南。

〔23〕郿（méi）城：在今陕西省宝鸡市眉县。

〔24〕城垣：这里指营寨。

〔25〕经阵：经历战争。

〔26〕掎（jǐ）角之势：把军队分驻几处，作战时互相支援，这种形势叫作“掎角之势”。掎角，原指捕鹿的时候，有人抓住鹿的角，有人扭住鹿的脚，协力合作。

〔27〕须：却，可是。

〔28〕哨见：探见。哨，巡哨。

〔29〕有命：有运气。

〔30〕当：挡。

〔31〕端然：稳固地。

〔32〕不谐：不顺利。谐，谐和。

〔33〕一彪军：一支军队。

〔34〕垓（gāi）心：战场的中心。

〔35〕曹真：字子丹，魏国的宗室。

〔36〕文几（jī）：文书案。

〔37〕长（zhǎng）史：丞相府的高级属官。

〔38〕跌足：跺脚。

〔39〕武功山：在今陕西省咸阳市兴平西南。

〔40〕鼓噪：击鼓喧哗。

〔41〕断后：在后面掩护军队退却。断，截。

〔42〕天水、南安、安定：都在祁山以北。天水：在今甘肃天水一带。南安：在今甘肃陇西一带。安定：在今甘肃镇原一带。

〔43〕冀县：当时属天水郡。

〔44〕斩将：指赵云埋伏在箕谷道中，一枪刺死了魏国的先锋苏颙（yóng）。

〔45〕文长：魏延的字。

〔46〕伏路军：埋伏在路上的军队。

〔47〕明正军律：严明地执行军法。

〔48〕思舜帝殛（jí）鲧（gǔn）用禹之义：思念舜杀死鲧而用禹的道理。传说上古时候，鲧因治水无功，被舜杀死；后来舜又任用鲧的儿子禹治水，终于治服了洪水。马谡说这句话，是请求诸葛亮在杀死他以后还能照顾他的儿子。殛，杀死。

〔49〕成都：当时是蜀国的都城。

〔50〕楚杀得臣而文公喜：春秋时楚国大将成得臣，带兵同晋文公作战失败，楚成王逼他自杀；晋文公听到这个消息，极为高兴。

李逵负荆〔1〕

施耐庵

且说李逵和燕青离了四柳村，依前上路。此时草枯地阔，木落山空，于路无话。两个因宽转梁山泊北，到寨尚有七八十里，巴不到山，离荆门镇不远。当日天晚，两个奔到一个大庄院敲门。燕青道："俺们寻客店中歇去。"李逵道："这大户人家，却不强似客店多少！"说犹未了，庄客出来回话道："我主太公正烦恼哩，你两个别处去歇。"李逵直走入去，燕青拖扯不住，直到草厅上。李逵口里叫道："过往客人，借宿一宵，打甚鸟紧，便道太公烦恼！我正要和烦恼的说话。"里面太公张时，看见李逵生得凶恶，暗地教人出来接纳，请去厅外侧首，有间耳房，叫他两个安歇。造些饭食，与他两个吃，着他里面去睡。多样时，搬出饭来，两个吃了，就便歇息。李逵当夜没些酒，在土炕子上翻来复去睡不着，只听得太公、太婆在里面哽哽咽咽的哭。李逵心焦，那双眼怎地得合。巴到天明，跳将起来，便向厅前问道："你家甚么人哭这一夜，搅得老爷睡不着？"太公听了，只得出来答道："我家有个女儿，年方一十八岁，吃人抢了去，以此烦恼。"李逵骂道："打脊老牛！男大须婚，女大须嫁，烦恼做甚么？"太公道："不是与他，强夺了去。"李逵道："又来作怪！夺你女儿的是谁？"太公道："我与你说他姓名，惊得你屁滚尿流。他是梁山泊头领宋江，有一百单八个好汉，不算小军。"李逵道："我且问你，他是几个来？"太公道："两日前，他和一个小后生，各骑着一匹马来。"李逵便叫："燕小乙哥，你来听这老儿说的话。俺哥哥原来口是心非，不是好人了也。"燕青道："大哥莫要造次，定没这事。"李逵道："他在东京儿自去李师师家去，到这里怕不做出来！"李逵道："你庄里有饭，讨些我们吃。"对太公说道："我便是梁山泊黑旋风李逵，这个便是浪子燕青。既是宋江夺了你的女儿，我去讨来还你。"太公拜谢了。

李逵、燕青径望梁山泊来，路上无话。直到忠义堂上，宋江见了李逵、燕青回来，便问道："兄弟，你两个那里来？错了许多路，如今方到。"李逵那里应答，睁圆怪眼，拔出大斧，先砍倒了杏黄旗，把“替天行道”四个字扯做粉碎。众人都吃一惊。宋江喝道：“黑厮又做甚么？”李逵拿了双斧，抢上堂来，径奔宋江。当有关胜、林冲、秦明、呼延灼、董平五虎将，慌忙拦住，夺了大斧，揪下堂来。宋江大怒，喝道：“这厮又来作怪！你且说我的过失！”李逵气做一团，那里说得出。有诗为证：

依草凶徒假姓名，花颜闺女强抬行。

李逵不细穷来历，浪说公明有此情。

且说燕青向前道：“哥哥听禀一路上备细。他在东京城外客店里跳将出来，拿着双斧，要去劈门。被我一交攧翻，拖将起来，说与他：‘哥哥已自去了，独自一个风甚么？’恰才信小弟说。不敢从大路走，他又没了头巾，把头发绾做两个丫髻。正来到四柳村狄太公庄上，他去做法官捉鬼，正拿了他女儿并奸夫两个，都剁做肉酱。后来却从大路西边上山，他定要大宽转。将近荆门镇，当日天晚了，便去刘太公庄上投宿。只听得太公两口儿一夜啼哭，他睡不着，巴得天明，起去问他。刘太公说道：两日前梁山泊宋江，和一个年纪小的后生，骑着两匹马，来庄上来。老儿听得说是替天行道的人，因此叫这十八岁的女儿出来把酒，吃到半夜，两个把他女儿夺了去。李逵大哥听了这话，便道是实。我再三解说道：‘俺哥哥不是这般的人。多有依草附木，假名托姓的，在外头胡做。’李大哥道：‘我见他在东京时，兀自恋着唱的李师师不肯放，不是他是谁？’因此来发作。”宋江听罢，便道：“这般屈事，怎地得知！如何不说？”李逵道：“我闲常把你做好汉，你原来却是畜生！你做得这等好事！”宋江喝道：“你且听我说：我和三二千军马回来，两匹马落路时，须瞒不得众人。若还得一个妇人，必然只在寨里，你却去我房里搜看！”李逵道：“哥哥，你说甚么鸟闲话！山寨里都是你手下的人，护你的多，那里不藏过了。我当初敬你是个不贪色欲的好汉，你原正是酒色之徒，杀了阎婆惜便是小样，去东京养李师师便是大样。你不要赖，早早把女儿送还老刘，倒有个商量。你若不把女儿还他时，我早做早杀了你，晚做晚杀了你。”

宋江道：“你且不要闹攘，那刘太公不死，庄客都在，俺们同去面对。若还对番了，就那里舒着脖子受你板斧；如若对不番，你这厮没上下，当得何罪？”李逵道：“我若还拿你不着，便输这颗头与你。”宋江道：“最好，你众兄弟都是证见。”便叫铁面孔目裴宣写了赌赛军令状二纸，两个各书了字。宋江的把与李逵收了，李逵的把与宋江收了。李逵又道：“这后生不是别人，只是柴进。”柴进道：“我便同去。”李逵道：“不怕你不来。若到那里对番了之时，不怕你柴大官人，是米大官人，也吃我几斧！”柴进道：“这个不妨。你先去那里等，我们前去时，又怕有跷蹊。”李逵道：“正是。”便唤了燕青：“俺两个依前先去。他若不来，便是心虚，回来罢休不得！”有诗为证：

李逵闹攘没干休，要砍梁山寨主头。

欲辩是非分彼此，刘家庄上问来由。

燕青与李逵再到刘太公庄上，太公接见，问道："好汉，所事如何？"李逵道："如今我那宋江，他自来教你认他。你和太婆并庄客，都仔细认他。若还是时，只管实说，不要怕他，我自替你做主。"只见庄客报道："有十数骑马来到庄上了。"李逵道："正是了。"侧边屯住了人马，只教宋江、柴进入来。宋江、柴进径到草厅上坐下。李逵提着板斧，立在侧边，只等老儿叫声是，李逵便要下手。那刘太公近前来拜了宋江。李逵问老儿道："这个是夺你女儿的不是？"那老儿睁开尪羸[2]眼，打拍老精神，定睛看了道："不是。"宋江对李逵道："你却如何？"李逵道："你两个先着眼瞅他，这老儿惧怕你，便不敢说是。"宋江道："你便叫满庄人都来认我。"李逵随即叫众庄客人等认时，齐声叫道："不是。"宋江道："刘太公，我便是梁山泊宋江，这位兄弟便是柴进。你的女儿多是吃假名托姓的骗将去了。你若打听得出来，报上山寨，我与你做主。"宋江对李逵道："这里不和你说话，你回来寨里，自有辩理。"宋江、柴进自与一行人马，先回大寨去了。

燕青道："李大哥，怎地好？"李逵道："只是我性紧上做错了事。既然输了这颗头，我自一刀割将下来，你把去献与哥哥便了。"燕青道："你没来由寻死做甚么！我教你一个法则，唤做负荆请罪。"李逵道："怎地是负荆？"燕青道："自把衣服脱了，将麻绳绑缚了，脊梁上背着一把荆杖，拜伏在忠义堂前，告道：'由哥哥打多少。'他自然不忍下手。这个唤做负荆请罪。"李逵道："好却好，只是有些惶恐，不如割了头去干净。"燕青道："山寨里都是你弟兄，何人笑你？"李逵没奈何，只得同燕青回寨来负荆请罪。有诗为证：

三家对证已分明，方显公平正大情。

此日负荆甘请罪，可怜噂沓愧馀生。

却说宋江、柴进先归到忠义堂上，和众弟兄们正说李逵一事，只见黑旋风脱得赤条条地，背上负着一把荆杖，跪在堂前，低着头，口里不做一声。宋江笑道："你那黑厮怎地负荆？只这等饶了你不成？"李逵道："兄弟的不是了，哥哥拣大棍打几十罢！"宋江道："我和你赌砍头，你如何却来负荆？"李逵道："哥哥既是不肯饶我，把刀来割这颗头去，也是了当。"众人都替李逵陪话。宋江道："若要我饶他，只教他捉得那两个假宋江，讨得刘太公女儿来还他，这等方才饶你。"李逵听了，跳将起来说道："我去，瓮中捉鳖，手到拿来。"宋江道："他是两个好汉，又有两副鞍马，你只独自一个，如何近傍得他？再叫燕青和你同去。"燕青道："哥哥差遣，小弟愿往。"便去房中取了弩子，绰了齐眉杆棒，随着李逵，再到刘太公庄上。

燕青细问他来情，刘太公说道："日平西时来，三更里去了，不知所在，又不敢跟去。那为头的，生的矮小，黑瘦面皮；第二个夹壮身材，短须大眼。”二人问了备细，便叫：“太公放心，好歹要救女儿还你。我哥哥宋公明的将令，务要我两个寻将来，不敢违误。”便叫煮下干肉，做起蒸饼，各把料袋装了，拴在身边，离了刘太公庄上。先去正北上寻，但见荒僻无人烟去处，走了一两日，绝不见些消耗。却去正东上，又寻了两日，直到凌州高唐界内，又无消息。李逵心焦面热，却回来望西边寻去，又寻了两日，绝无些动静。

当晚两个且向山边一个古庙中供床上宿歇。李逵那里睡得着，扒起来坐地。只听得庙外有人走的响，李逵跳将起来，开了庙门看时，只见一条汉子，提着把朴刀，转过庙后土岗子上去。李逵在背后跟去。燕青听得，拿了弩弓，提了杆棒，随后赶来，叫道：“李大哥不要赶，我自有道理。”是夜，月色朦胧，燕青递杆棒与了李逵，远远望见那汉，低着头只顾走。燕青赶近，搭上箭，弩弦稳放，叫声：“如意子不要误我！”只一箭，正中那汉的右腿，扑地倒了。李逵赶上，劈衣领揪住，直拿到古庙中，喝问道：“你把刘太公的女儿抢的那里去了？”那汉告道：“好汉，小人不知此事，不曾抢甚刘太公女儿。小人只是这里剪径，做些小买卖，那里敢大弄，抢夺人家子女。”李逵把那汉捆做一块，提起斧来喝道：“你若不实说，砍你做二十段。”那汉叫道：“且放小人起来商议。”燕青道：“汉子，我且与你拔了这箭。”放将起来，问道：“刘太公女儿端的是甚么人抢了去？只是你这里剪径的，你岂可不知些风声？”那汉道：“小人胡猜，未知真实。离此间西北上，约有十五里，有一座山，唤做牛头山，山上旧有一个道院。近来新被两个强人，一个姓王名江，一个姓董名海，这两个都是绿林中草贼，先把道士道童都杀了，随从只有五七个伴当，占住了道院，专一下来打劫，但到处只称是宋江，多敢是这两个抢了去。”有诗为证：

寻贼潜居古庙堂，风寒月冷转凄凉。
夜深偶获山林客，说出强徒是董王。

燕青道：“这话有些来历。汉子，你休怕我。我便是梁山泊浪子燕青，他便是黑旋风李逵。我与你调理箭疮，你便引我两个到那里去。”那人道：“小人愿往。”燕青去寻朴刀还了他，又与他扎缚了疮口。趁着月色微明，燕青、李逵扶着他，走过十五里来路。到那山看时，苦不甚高，果似牛头之状，形如卧牛之势。三个上这山来，天尚未明。来到山头看时，团团一遭土墙，里面约有二十来间房子。李逵道：“我与你先跳将入去。”燕青道：“且等天明却理会。”李逵那里忍耐得，腾地跳将过去了。只听得里面有人喝声，门开处，早有人出来，便挺朴刀来奔李逵。燕青生怕撅撒了事，拄着杆棒，也跳过墙来。那中箭的汉子一道烟走了。燕青见这出来的好汉正斗李逵，潜身暗行，一棒正中那好汉脸颊骨上，倒入李逵怀里来，被李逵后心只一斧，砍翻在地。只见里面绝不见一个人出来。燕青道：“这厮必有后路走了。我与你去截住后门，你却把着前门，不要胡乱入去。”

且说燕青来到后门墙外，伏在黑暗处，只见后门开处，早有一条汉子，拿了钥匙来开后面墙门。燕青转将过去，那汉见了，绕房檐便走出前门来。燕青大叫：“前面截住。”李逵抢将过来，只一斧劈胸膛砍倒，便把两颗头都割下来，拴做一处。李逵性起，砍将入去，泥神也似都推倒了。那几个伴当躲在灶前，被李逵赶去，一斧一个，都杀了。来到房中看时，果然见那个女儿在床上呜呜的啼哭。看那女子，云鬓花颜，其实艳丽。有诗为证：

弓鞋窄窄剪春罗，香沁酥胸玉一窝。

丽质难禁风雨骤，不胜幽恨蹙秋波。

燕青问道：“你莫不是刘太公女儿？”那女子答道：“奴家正是刘太公女儿。十数日之前，被这两个贼掳在这里。奴家昼夜泪雨成行，要寻死处，被他监看得紧。今日得将军搭救，便是重生父母，再养爹娘。”燕青道：“他有那两匹马在那里放着？”女子道：“只在东边房内。”燕青备上鞍子，牵出门外，便来收拾房中积攒下的黄白之资，约有三五千两。燕青便叫那女子上了马，将金银包了，和人头抓了，拴在一匹马上。李逵缚了个草把，将窗下残灯，把草房四边点着烧起。他两个开了墙门，步送女子下山，直到刘太公庄上。爹娘见了女子，十分欢喜，烦恼都没了，尽来拜谢两位头领。燕青道：“你不要谢我两个，你来寨里拜谢俺哥哥宋公明。”两个酒食都不肯吃，一家骑了一匹马，飞奔山上来。

回到寨中，红日衔山之际，都到三关之上。两个牵着马，驮着金银，提了人头，径到忠义堂上，拜见宋江。燕青将前事一一说了一遍，宋江大喜，叫把人头埋了，金银收拾库中，马放去战马群内喂养。次日，设筵宴与燕青、李逵作贺。刘太公也收拾金银上山，来到忠义堂上，拜谢宋江。宋江那里肯受，与了酒饭，教送下山回庄去了，不在话下。梁山泊自此无话。

〔1〕节选自《水浒传》第七十三回（人民文学出版社，1997 年版）。题目为编者所加。

〔2〕尩（wāng）羸（léi）：瘦弱。这里用来形容老眼昏花。

乱蟠桃大圣偷丹　反天宫诸神捉怪[1]

吴承恩

话表齐天大圣到底是个妖猴，更不知官衔品从，也不较俸禄高低，但只注名便了。那齐天府下二司仙吏，早晚伏侍，只知日食三餐，夜眠一榻，无事牵萦，自由自在。闲时节会友游宫，交朋结义。见三清称个“老”字，逢四帝道个“陛下”。与那九曜星、五方将、二十八宿、四大天王、十二元辰、五方五老、普天星相、河汉群神，俱只以弟兄相待，彼此称呼。今日东游，明日西荡，云去云来，行踪不定。

一日，玉帝早朝，班部中闪出许旌阳真人，頫囟启奏道："今有齐天大圣，无事闲游，结交天上众星宿，不论高低，俱称朋友。恐后闲中生事。不若与他一件事管，庶免别生事端。"玉帝闻言，即时宣诏。那猴王欣欣然而至，道："陛下，诏老孙有何升赏？"玉帝道："朕见你身闲无事，与你件执事。你且权管那蟠桃园，早晚好生在意。"大圣欢喜谢恩，朝上唱喏而退。

他等不得穷忙，即入蟠桃园内查勘。本园中有个土地拦住，问道："大圣何往？"大圣道："吾奉玉帝点差，代管蟠桃园，今来查勘也。"那土地连忙施礼，即呼那一班锄树力士、运水力士、修桃力士、打扫力士都来见大圣磕头，引他进去。但见那：

夭夭灼灼，颗颗株株。夭夭灼灼花盈树，颗颗株株果压枝。果压枝头垂锦弹，花盈树上簇胭脂。时开时结千年熟，无夏无冬万载迟。先熟的，酡颜醉脸；还生的，带蒂青皮。凝烟肌带绿，映日显丹姿。树下奇葩并异卉，四时不谢色齐齐。左右楼台并馆舍，盈空常见罩云霓。不是玄都凡俗种，瑶池王母自栽培。

大圣看玩多时，问土地道："此树有多少株数？"土地道："有三千六百株：前面一千二百株，花微果小，三千年一熟，人吃了成仙了道，体健身轻。中间一千二百株，层花甘实，六千年一熟，人吃了霞举飞升，长生不老。后面一千二百株，紫纹缃核，九千年一熟，人吃了与天地齐寿，日月同庚。"大圣闻言，欢喜无任。当日查明了株树，点看了亭阁，回府。自此后，三五日一次赏玩，也不交友，也不他游。

一日，见那老树枝头，桃熟大半，他心里要吃个尝新。奈何本园土地、力士并齐天府仙吏紧随不便。忽设一计道："汝等且出门外伺候，让我在这亭上少憩片时。"那众仙果退。只见那猴王脱冠服，爬上大树，拣那熟透的大桃，摘了许多，就在树枝上自在受用。吃了一饱，却才跳下树来，簪冠着服，唤众等仪从回府。迟三二日，又去设法偷桃，尽他享用。

一朝，王母娘娘设宴，大开宝阁，瑶池中做"蟠桃胜会"，即着那红衣仙女、青衣仙女、素衣仙女、皂衣仙女、紫衣仙女、黄衣仙女、绿衣仙女，各顶花篮，去蟠桃园摘桃建会。七衣仙女直至园门首，只见蟠桃园土地、力士同齐天府二司仙吏，都在那里把门。仙女近前道："我等奉王母懿旨，到此摘桃设宴。"土地道："仙娥且住。今岁不比往年了，玉帝点差齐天大圣在此督理，须是报大圣得知，方敢开园。"仙女道："大圣何在？"土地道："大圣在园内，因困倦，自家在亭子上睡哩。"仙女道："既如此，寻他去来，不可迟误。"土地即与同进。寻至花亭不见，只有衣冠在亭，不知何往。四下里都没寻处。原来大圣耍了一会，吃了几个桃子，变做二寸长的个人儿，在那大树梢头浓叶之下睡着了。七衣仙女道："我等奉旨前来，寻不见大圣，怎敢空回？”旁有仙使道：“仙娥既奉旨来，不必迟疑。我大圣闲游惯了，想是出园会友去了。汝等且去摘桃。我们替你回话便是。”那仙女依言，入树林之下摘桃。先在前树摘了二篮，又在中树摘了三篮，到后树上摘取，只见那树上花果稀疏，止有几个毛蒂青皮的。原来熟的都是猴王吃了。七仙女张望东西，只见向南枝上止有一个半红半白的桃子。青衣女用手扯下枝来，红衣女摘了，却将枝子望上一放。原来那大圣变化了，正睡在此枝，被他惊醒。大圣即现本相，耳朵里掣出金箍棒，幌一幌，碗来粗细，咄的一声道：“你是那方怪物，敢大胆偷摘我桃！”慌得那七仙女一齐跪下道：“大圣息怒。我等不是妖怪，乃王母娘娘差来的七衣仙女，摘取仙桃，大开宝阁，做‘蟠桃胜会’。适至此间，先见了本园土地等神，寻大圣不见。我等恐迟了王母懿旨，是以等不得大圣，故先在此摘桃，万望恕罪。”大圣闻言，回嗔作喜道：“仙娥请起。王母开阁设宴，请的是谁？”仙女道：“上会自有旧规。请的是西天佛老、菩萨、圣僧、罗汉，南方南极观音，东方崇恩圣帝、十洲三岛仙翁，北方北极玄灵，中央黄极黄角大仙，这个是五方五老。还有五斗星君，上八洞三清、四帝、太乙天仙等众。中八洞玉皇、九垒，海岳神仙。下八洞幽冥教主、注世地仙。各宫各殿大小尊神，俱一齐赴蟠桃嘉会。”大圣笑道：“可请我么？”仙女道：“不曾听得说。”大圣道：“我乃齐天大圣，就请我老孙做个席尊，有何不可？”仙女道：“此是上会旧规，今会不知如何。”大圣道：“此言也是，难怪汝等。你且立下，待老孙先去打听个消息，看可请老孙不请。”

好大圣，捻着诀，念声咒语，对众仙女道：“住！住！住！”这原来是个定身法，把那七衣仙女，一个个睖睖睁睁，白着眼，都站在桃树之下。大圣纵朵祥云，跳出园内，竟奔瑶池路上而去。正行时，只见那壁厢：

一天瑞霭光摇曳，五色祥云飞不绝。
白鹤声鸣振九皋，紫芝色秀分千叶。
中间现出一尊仙，相貌昂然丰采别。
神舞虹霓幌汉霄，腰悬宝箓无生灭。
名称赤脚大罗仙，特赴蟠桃添寿节。

那赤脚大仙觌面撞见大圣，大圣低头定计，赚哄真仙，他要暗去赴会，却问：“老道何往？”大仙道：“蒙王母见招，去赴蟠桃嘉会。”大圣道：“老道不知。玉帝因老孙筋斗云疾，着老孙五路邀请列位，先至通明殿下演礼，后方去赴宴。”大仙是个光明正大之人，就以他的诳语作真。道：“常年就在瑶池演礼谢恩，如何先去通明殿演礼，方去瑶池赴会？”无奈，只得拨转祥云，径往通明殿去了。

大圣驾着云，念声咒语，摇身一变，就变做赤脚大仙模样，前奔瑶池。不多时，直至宝阁，按住云头，轻轻移步，走入里面。只见那里：

琼香缭绕，瑞霭缤纷。瑶台铺彩结，宝阁散氤氲。凤翥鸾翔形缥缈，金花玉萼影浮沉。上排着九凤丹霞扆，八宝紫霓墩。五彩描金桌，千花碧玉盆。桌上有龙肝和凤髓，熊掌与猩唇。珍馐百味般般美，异果嘉肴色色新。

那里铺设得齐齐整整，却还未有仙来。这大圣点看不尽，忽闻得一阵酒香扑鼻；急转头，见右壁厢长廊之下，有几个造酒的仙官，盘糟的力士，领几个运水的道人，烧火的童子，在那里洗缸刷瓮，已造成了玉液琼浆，香醪佳酿。大圣止不住口角流涎，就要去吃，奈何那些人都在这里。他就弄个神通，把毫毛拔下几根，丢入口中嚼碎，喷将出去，念声咒语，叫"变!"即变做几个瞌睡虫，奔在众人脸上。你看那伙人，手软头低，闭眉合眼，丢了执事，都去盹睡。大圣却拿了些百味八珍，佳肴异品，走入长廊里面，就着缸，挨着瓮，放开量，痛饮一番。吃勾了多时，酕醄醉了。自揣自摸道："不好！不好！再过会，请的客来，却不怪我？一时拿住，怎生是好？不如早回府中睡去也。"

好大圣，摇摇摆摆，仗着酒，任情乱撞，一会把路差了；不是齐天府，却是兜率天宫。一见了，顿然醒悟道："兜率宫是三十三天之上，乃离恨天太上老君之处，如何错到此间？——也罢！也罢！一向要来望此老，不曾得来，今趁此残步，就望他一望也好。"即整衣撞进去。那里不见老君，四无人迹。原来那老君与燃灯古佛在三层高阁朱陵丹台上讲道，众仙童、仙将、仙官、仙吏，都侍立左右听讲。这大圣直至丹房里面，寻访不遇，但见丹灶之旁，炉中有火。炉左右安放着五个葫芦，葫芦里都是炼就的金丹。大圣喜道："此物乃仙家之至宝。老孙自了道以来，识破了内外相同之理，也要炼些金丹济人，不期到家无暇；今日有缘，却又撞着此物，趁老子不在，等我吃他几丸尝新。"他就把那葫芦都倾出来，就都吃了，如吃炒豆相似。

一时间丹满酒醒，又自己揣度道："不好！不好！这场祸，比天还大；若惊动玉帝，性命难存。走！走！走！不如下界为王去也!"他就跑出兜率宫，不行旧路，从西天门，使个隐身法逃去。即按云头，回至花果山界。但见那旌旗闪灼，戈戟光辉，原来是四健将与七十二洞妖王，在那里演习武艺。大圣高叫道："小的们！我来也!"众怪丢了器械，跪倒道："大圣好宽心！丢下我等许久，不来相顾!"大圣道："没多时！没多时!"且说且行，径入洞天深处。四健将打扫安歇，叩头礼拜毕。俱道："大圣在天这百十年，实受何职?"大圣笑道："我记得才半年光景，怎么就说百十年话?"健将道："在天一日，即在下方一年也。"大圣道："且喜这番玉帝相爱，果封做'齐天大圣'，起一座齐天府，又设安静、宁神二司，司设仙吏侍卫。向后见我无事，着我代管蟠桃园。近因王母娘娘设'蟠桃大会'，未曾请我，是我不待他请，先赴瑶池，把他那仙品、仙酒，都是我偷吃了。走出瑶池，踉踉跄跄误入老君宫阙，又把他五个葫芦金丹也偷吃了。但恐玉帝见罪，方才走出天门来也。”

众怪闻言大喜。即安排酒果接风，将椰酒满斟一石碗奉上。大圣喝了一口，即咨牙倈嘴道：“不好吃！不好吃！”崩、芭二将道：“大圣在天宫，吃了仙酒、仙肴，是以椰酒不甚美口。常言道：‘美不美，乡中水。’”大圣道：“你们就是‘亲不亲，故乡人’。我今早在瑶池中受用时，见那长廊之下，有许多瓶罐，都是那玉液琼浆。你们都不曾尝着。待我再去偷他几瓶回来，你们各饮半杯，一个个也长生不老。”众猴欢喜不胜。大圣即出洞门，又翻一筋斗，使个隐身法，径至蟠桃会上。进瑶池宫阙，只见那几个造酒、盘糟、运水、烧火的，还鼾睡未醒。他将大的从左右胁下挟了两个，两手提了两个，即拨转云头回来，会众猴在于洞中，就做个“仙酒会”，各饮了几杯，快乐不题。

却说那七衣仙女自受了大圣的定身法术，一周天方能解脱。各提花篮，回奏王母，说道：“齐天大圣使术法困住我等，故此来迟。”王母问道：“汝等摘了多少蟠桃？”仙女道：“只有两篮小桃，三篮中桃。至后面，大桃半个也无，想都是大圣偷吃了。及正寻间，不期大圣走将出来，行凶拷打，又问设宴请谁。我等把上会事说了一遍，他就定住我等，不知去向。直到如今，才得醒解回来。”

王母闻言，即去见玉帝，备陈前事。说不了，又见那造酒的一班人，同仙官等来奏：“不知甚么人，搅乱了‘蟠桃大会’，偷吃了玉液琼浆，其八珍百味，亦俱偷吃了。”又有四个大天师来奏上：“太上道祖来了。”玉帝即同王母出迎。老君朝礼毕，道：“老道宫中，炼了些‘九转金丹’，伺候陛下做‘丹元大会’，不期被贼偷去，特启陛下知之。”玉帝见奏，悚惧。少时，又有齐天府仙吏叩头道：“孙大圣不守执事，自昨日出游，至今未转，更不知去向。”玉帝又添疑思。只见那赤脚大仙又頫囟上奏道：“臣蒙王母诏昨日赴会，偶遇齐天大圣，对臣言万岁有旨，着他邀臣等先赴通明殿演礼，方去赴会。臣依他言语，即返至通明殿外，不见万岁龙车凤辇，又急来此俟候。”玉帝越发大惊道：“这厮假传旨意，赚哄贤卿，快着纠察灵官缉访这厮踪迹！”

灵官领旨，即出殿遍访，尽得其详细。回奏道：“搅乱天宫者，乃齐天大圣也。”又将前事尽诉一番。玉帝大恼。即差四大天王，协同李天王并哪吒太子，点二十八宿、九曜星官、十二元辰、五方揭谛、四值功曹、东西星斗、南北二神、五岳四渎、普天星相，共十万天兵，布一十八架天罗地网下界，去花果山围困，定捉获那厮处治。众神即时兴师，离了天宫。这一去，但见那：

> 黄风滚滚遮天暗，紫雾腾腾罩地昏。只为妖猴欺上帝，致令众圣降凡尘。四大天王，五方揭谛：四大天王权总制，五方揭谛调多兵。李托塔中军掌号，恶哪吒前部先锋。罗睺星为头检点，计都星随后峥嵘。太阴星精

神抖擞，太阳星照耀分明。五行星偏能豪杰，九曜星最喜相争。元辰星子午卯酉，一个个都是大力天丁。五瘟五岳东西摆，六丁六甲左右行。四渎龙神分上下，二十八宿密层层。角亢氐房为总领，奎娄胃昴惯翻腾。斗牛女虚危室壁，心尾箕星个个能，井鬼柳星张翼轸，轮枪舞剑显威灵。停云降雾临凡世，花果山前扎下营。

诗曰：

天产猴王变化多，偷丹偷酒乐山窝。

只因搅乱蟠桃会，十万天兵布网罗。

当时李天王传了令，着众天兵扎了营，把那花果山围得水泄不通。上下布了十八架天罗地网，先差九曜恶星出战。九曜即提兵径至洞外，只见那洞外大小群猴跳跃顽耍。星官厉声高叫道："那小妖！你那大圣在那里？我等乃上界差调的天神，到此降你这造反的大圣。教他快快来归降；若道半个'不'字，教汝等一概遭诛！"那小妖慌忙传入道："大圣，祸事了！祸事了！外面有九个凶神，口称上界差来的天神，收降大圣。"

那大圣正与七十二洞妖王，并四健将分饮仙酒，一闻此报，公然不理道："今朝有酒今朝醉，莫管门前是与非。"说不了，一起小妖又跳来道："那九个凶神，恶言泼语，在门前骂战哩！"大圣笑道："莫采他。'诗酒且图今日乐，功名休问几时成。'"说犹未了，又一起小妖来报："爷爷！那九个凶神已把门打破，杀进来也！"大圣怒道："这泼毛神，老大无礼！本待不与他计较，如何上门来欺我？"即命独角鬼王，领帅七十二洞妖王出阵，"老孙领四健将随后。"那鬼王疾帅妖兵，出门迎敌，却被九曜恶星一齐掩杀，抵住在铁板桥头，莫能得出。

正嚷间，大圣到了。叫一声"开路！"掣开铁棒，幌一幌，碗来粗细，丈二长短，丢开架子，打将出来。九曜星那个敢抵，一时打退。那九曜星立住阵势道："你这不知死活的弼马温！你犯了十恶之罪，先偷桃，后偷酒，搅乱了蟠桃大会，又窃了老君仙丹，又将御酒偷来此处享乐，你罪上加罪，岂不知之？"大圣笑道："这几桩事，实有！实有！但如今你怎么？"九曜星道："吾奉玉帝金旨，帅众到此收降你，快早皈依！免教这些生灵纳命。不然，就踊平了此山，掀翻了此洞也！"大圣大怒道："量你这些毛神，有何法力，敢出浪言。不要走，请吃老孙一棒！"这九曜星一齐踊跃。那美猴王不惧分毫，轮起金箍棒，左遮右挡，把那九曜星战得筋疲力软，一个个倒拖器械，败阵而走，急入中军帐下，对托塔天王道："那猴王果十分骁勇！我等战他不过，败阵来了。"李天王即调四大天王与二十八宿，一路出师来斗。大圣也公然不惧，调出独角鬼王、七十二洞妖王与四个健将，就于洞门外列成阵势。你看这场混战好惊人也：

寒风飒飒，怪雾阴阴。那壁厢旌旗飞彩，这壁厢戈戟生辉。滚滚盔明，层层甲亮。滚滚盔明映太阳，如撞天的银磬；层层甲亮砌岩崖，似压地的冰山。大捍刀，飞云掣电，楮白枪，度雾穿云。方天戟，虎眼鞭，麻林摆列；青铜剑，四明铲，密树排阵。弯弓硬弩雕翎箭，短棍蛇矛挟了魂。大圣一条如意棒，翻来覆去战天神。杀得那空中无鸟过，山内虎狼奔；扬砂走石乾坤黑，播土飞尘宇宙昏。只听兵兵扑扑惊天地，煞煞威威振鬼神。

这一场自辰时布阵，混杀到日落西山。那独角鬼王与七十二洞妖怪，尽被众天神捉拿去了，止走了四健将与那群猴，深藏在水帘洞底。这大圣一条棒，抵住了四大天神与李托塔、哪吒太子，俱在半空中，——杀彀多时，大圣见天色将晚，即拔毫毛一把，丢在口中，嚼碎了，喷将出去，叫声“变!”就变了千百个大圣，都使的是金箍棒，打退了哪吒太子，战败了五个天王。

大圣得胜，收了毫毛，急转身回洞，早又见铁板桥头，四个健将，领众叩迎那大圣，哽哽咽咽大哭三声，又唏唏哈哈大笑三声。大圣道：“汝等见了我，又哭又笑，何也?”四健将道：“今早帅众将与天王交战，把七十二洞妖王与独角鬼王，尽被众神捉了，我等逃生，故此该哭。这见大圣得胜回来，未曾伤损，故此该笑。”大圣道：“胜负乃兵家之常。古人云：‘杀人一万，自损三千。’况捉了去的头目乃是虎豹、狼虫、獾獐、狐狢之类，我同类者未伤一个，何须烦恼?他虽被我使个分身法杀退，他还要安营在我山脚下。我等且紧紧防守，饱食一顿，安心睡觉，养养精神。天明看我使个大神通，拿这些天将，与众报仇。”四将与众猴将椰酒吃了几碗，安心睡觉不题。

那四大天王收兵罢战，众各报功：有拿住虎豹的，有拿住狮象的，有拿住狼虫狐狢的，更不曾捉着一个猴精。当时果又安辕营，下大寨，赏犒了得功之将，吩咐了天罗地网之兵，各各提铃喝号，围困了花果山，专待明早大战。各人得令，一处处谨守。此正是：妖猴作乱惊天地，布网张罗昼夜看。毕竟天晓后如何处治，且听下回分解。

〔1〕选自《西游记》第五回（人民文学出版社，1980年版）。

林黛玉进贾府[1]

曹雪芹

且说黛玉自那日弃舟登岸时，便有荣国府打发了轿子并拉行李的车辆久候了。这林黛玉常听得母亲说过，他外祖母家与别家不同。他近日所见的这几个三等仆妇，吃穿用度，已是不凡了，何况今至其家。因此步步留心，时时在意，不肯轻易多说一句话，多行一步路，惟恐被人耻笑了他去。

自上了轿，进入城中，从纱窗向外瞧了一瞧，其街市之繁华，人烟之阜盛，自与别处不同。又行了半日，忽见街北蹲着两个大石狮子，三间兽头大门，门前列坐着十来个华冠丽服之人。正门却不开，只有东西两角门有人出入。正门之上有一匾，匾上大书“敕造[2]宁国府”五个大字。黛玉想道：“这必是外祖之长房了。”想着，又往西行，不多远，照样也是三间大门，方是荣国府了。却不进正门，只进了西边角门。那轿夫抬进去，走了一射之地[3]，将转弯时，便歇下退出去了。后面的婆子们已都下了轿，赶上前来。另换了三四个衣帽周全十七八岁的小厮上来，复抬起轿子。众婆子步下围随至一垂花门[4]前落下。众小厮退出，众婆子上来打起轿帘，扶黛玉下轿。林黛玉扶着婆子的手，进了垂花门，两边是抄手游廊[5]，当中是穿堂[6]，当地放着一个紫檀架子大理石的大插屏[7]。转过插屏，小小的三间厅，厅后就是后面的正房大院。正面五间上房，皆雕梁画栋，两边穿山游廊[8]厢房，挂着各色鹦鹉、画眉等鸟雀。台矶之上，坐着几个穿红着绿的丫头，一见他们来了，便忙都笑迎上来，说：“刚才老太太还念呢，可巧就来了。”于是三四人争着打起帘笼，一面听得人回话：“林姑娘到了。”

黛玉方进入房时，只见两个人搀着一位鬓发如银的老母迎上来，黛玉便知是他外祖母。方欲拜见时，早被他外祖母一把搂入怀中，心肝儿肉叫着大哭起来。当下地下侍立之人，无不掩面涕泣，黛玉也哭个不住。一时众人慢慢解劝住了，黛玉方拜见了外祖母。——此即冷子兴所云之史氏太君，贾赦贾政之母也。当下贾母一一指与黛玉：“这是你大舅母；这是你二舅母；这是你先珠大哥的媳妇珠大嫂子。”黛玉一一拜见过。贾母又说：“请姑娘们来。今日远客才来，可以不必上学去了。”众人答应了一声，便去了两个。

不一时，只见三个奶嬷嬷并五六个丫鬟，簇拥着三个姊妹来了。第一个肌肤微丰，合中身材，腮凝新荔，鼻腻鹅脂，温柔沉默，观之可亲。第二个削肩细腰，长挑身材，鸭蛋脸面，俊眼修眉，顾盼神飞，文彩精华，见之忘俗。第三个身量未足，形容尚小。其钗环裙袄，三人皆是一样的妆饰。黛玉忙起身迎上来见礼，互相厮认过，大家归了坐。丫鬟们斟上茶来。不过说些黛玉之母如何得病，如何请医服药，如何送死发丧。不免贾母又伤感起来，因说：“我这些儿女，所疼者独有你母，今日一旦先舍我而去，连面也不能一见，今见了你，我怎不伤心！”说着，搂了黛玉在怀，又呜咽起来。众人忙都宽慰解释[9]，方略略止住。

众人见黛玉年貌虽小，其举止言谈不俗，身体面庞虽怯弱不胜，却有一段自然的风流[10]态度[11]，便知他有不足之症[12]。因问：“常服何药，如何不急为疗治？”黛玉道：“我自来是如此，从会吃饮食时便吃药，到今日未断，请了多少名医修方配药，皆不见效。那一年我三岁时，听得说来了一个癞头和尚，说要化我去出家，我父母固是不从。他又说：'既舍不得他，只怕他的病一生也不能好的了。若要好时，除非从此以后总不许见哭声；除父母之外，凡有外姓亲友之人，一概不见，方可平安了此一世。'疯疯癫癫，说了这些不经之谈，也没人理他。如今还是吃人参养荣丸。"贾母道："正好，我这里正配丸药呢。叫他们多配一料就是了。"

一语未了，只听后院中有人笑声，说："我来迟了，不曾迎接远客！"黛玉纳罕道："这些人个个皆敛声屏气，恭肃严整如此，这来者系谁，这样放诞无礼？"心下想时，只见一群媳妇丫鬟围拥着一个人从后房门进来。这个人打扮与众姑娘不同：彩绣辉煌，恍若神妃仙子。头上戴着金丝八宝攒珠髻[13]，绾着朝阳五凤挂珠钗[14]；项上带着赤金盘螭璎珞圈[15]；裙边系着豆绿宫绦，双衡比目玫瑰珮[16]；身上穿着缕金百蝶穿花大红洋缎窄褃袄[17]，外罩五彩刻丝石青银鼠褂[18]；下着翡翠撒花洋绉裙[19]。一双丹凤三角眼[20]，两弯柳叶吊梢眉[21]，身量苗条，体格风骚[22]。粉面含春威不露，丹唇未启笑先闻。黛玉连忙起身接见。贾母笑道："你不认得他，他是我们这里有名的一个泼皮破落户儿[23]，南省俗谓作'辣子'，你只叫他'凤辣子'就是了。"

黛玉正不知以何称呼，只见众姊妹都忙告诉他道："这是琏嫂子。"黛玉虽不识，也曾听见母亲说过，大舅贾赦之子贾琏，娶的就是二舅母王氏之内侄女，自幼假充男儿教养的，学名王熙凤。黛玉忙陪笑见礼，以"嫂"呼之。

这熙凤携着黛玉的手，上下细细打谅[24]了一回，仍送至贾母身边坐下，因笑道："天下真有这样标致的人物，我今儿才算见了！况且这通身的气派，竟不像老祖宗的外孙女儿，竟是个嫡亲的孙女，怨不得老祖宗天天口头心头一时不忘。只可怜我这妹妹这样命苦，怎么姑妈偏就去世了！"说着，便用帕拭泪。贾母笑道："我才好了，你倒来招我。你妹妹远路才来，身子又弱，也才劝住了，快再休提前话。"这熙凤听了，忙转悲为喜道："正是呢！我一见了妹妹，一心都在他身上了，又是喜欢，又是伤心，竟忘记了老祖宗。该打，该打！"又忙携黛玉之手，问："妹妹几岁了？可也上过学？现吃什么药？在这里不要想家，想要什么吃的、什么玩的，只管告诉我；丫头老婆们不好了，也只管告诉我。"一面又问婆子们："林姑娘的行李东西可搬进来了？带了几个人来？你们赶早打扫两间下房，让他们去歇歇。"

说话时，已摆了茶果上来。熙凤亲为捧茶捧果。又见二舅母问他："月钱[25]放过了不曾？"熙凤道："月钱已放完了。才刚带着人到后楼上找缎子，找了这半日，也并没有见昨日太太说的那样的，想是太太记错了？"王夫人道："有没有，什么要紧。"因又说道："该随手拿出两个来给你这妹妹去裁衣裳的，等晚上想着叫人再去拿罢，可别忘了。"熙凤道："这倒是我先料着了，知道妹妹不过这两日到的，我已预备下了，等太太回去过了日好送来。"王夫人一笑，点头不语。

当下茶果已撤，贾母命两个老嬷嬷带了黛玉去见两个母舅。时贾赦之妻邢氏忙亦起身，笑回道："我带了外甥女过去，倒也便宜[26]。"贾母笑道："正是呢，你也去罢，不必过来了。"邢夫人答应了一声"是"字，遂带了黛玉与王夫人作辞。大家送至穿堂前。

出了垂花门，早有众小厮们拉过一辆翠幄青绸车[27]，邢夫人携了黛玉，坐在上面，众婆子们放下车帘，方命小厮们抬起，拉至宽处，方驾上驯骡，亦出了西角门，往东过荣府正门，便入一黑油大门中，至仪门[28]前方下来。众小厮退出，方打起车帘，邢夫人搀着黛玉的手，进入院中。黛玉度其房屋院宇，必是荣府中花园隔断过来的。进入三层仪门，果见正房厢庑游廊，悉皆小巧别致，不似方才那边轩峻壮丽；且院中随处之树木山石皆在。一时进入正室，早有许多盛妆丽服之姬妾丫鬟迎着，邢夫人让黛玉坐了，一面命人到外面书房去请贾赦。一时人来回话说："老爷说了：'连日身上不好，见了姑娘彼此倒伤心，暂且不忍相见。劝姑娘不要伤心想家，跟着老太太和舅母，即同家里一样。姊妹们虽拙，大家一处伴着，亦可以解些烦闷。或有委屈之处，只管说得，不要外道才是。'"黛玉忙站起来，一一听了。再坐一刻，便告辞。

邢夫人苦留吃过晚饭去，黛玉笑回道："舅母爱惜赐饭，原不应辞，只是还要过去拜见二舅舅，恐领了赐去不恭，异日再领，未为不可。望舅母容谅。"邢夫人听说，笑道："这倒是了。"遂令两三个嬷嬷用方才的车好生送了姑娘过去。于是黛玉告辞。邢夫人送至仪门前，又嘱咐了众人几句，眼看着车去了方回来。

一时黛玉进了荣府，下了车。众嬷嬷引着，便往东转弯，穿过一个东西的穿堂，向南大厅之后，仪门内大院落，上面五间大正房，两边厢房鹿顶耳房钻山[29]，四通八达，轩昂壮丽，比贾母处不同。黛玉便知这方是正经正内室，一条大甬路，直接出大门的。进入堂屋中，抬头迎面先看见一个赤金九龙青地大匾，匾上写着斗大的三个大字，是"荣禧堂"，后有一行小字："某年月日，书赐荣国公贾源"，又有"万几宸翰之宝[30]"。大紫檀雕螭案上，设着三尺来高青绿古铜鼎，悬着待漏随朝墨龙大画[31]，一边是金蜼彝[32]，一边是玻璃盒[33]。地下两溜十六张楠木交椅，又有一副对联，乃乌木联牌，镶着錾银[34]的字迹，道是：

座上珠玑昭日月，堂前黼黻焕烟霞。[35]

下面一行小字，道是："同乡世教弟[36]勋袭东安郡王穆莳拜手书"。

原来王夫人时常居坐宴息，亦不在这正室，只在这正室东边的三间耳房内。于是老嬷嬷引黛玉进东房门来。临窗大炕上铺着猩红洋罽[37]，正面设着大红金钱蟒靠背，石青金钱蟒引枕[38]，秋香色[39]金钱蟒大条褥。两边设一对梅花式洋漆小几。左边几上文王鼎匙箸香盒[40]；右边几上汝窑美人觚[41]——觚内插着时鲜花卉，并茗碗痰盒等物。地下面西一溜四张椅上，都搭着银红撒花椅搭[42]，底下四副脚踏。椅之两边，也有一对高几，几上茗碗瓶花俱备。其馀陈设，自不必细说。

老嬷嬷们让黛玉炕上坐，炕沿上却有两个锦褥对设，黛玉度其位次，便不上炕，只向东边椅子上坐了。本房内的丫鬟忙捧上茶来。黛玉一面吃茶，一面打谅这些丫鬟们，妆饰衣裙，举止行动，果亦与别家不同。茶未吃了，只见一个穿红绫袄青缎掐牙[43]背心的丫鬟走来笑说道："太太说，请林姑娘到那边坐罢。"老嬷嬷听了，于是又引黛玉出来，到了东廊三间小正房内。

正面炕上横设一张炕桌，桌上磊[44]着书籍茶具，靠东壁面西设着半旧的青缎靠背引枕。王夫人却坐在西边下首，亦是半旧的青缎靠背坐褥。见黛玉来了，便往东让。黛玉心中料定这是贾政之位。因见挨炕一溜三张椅子上，也搭着半旧的弹墨椅袱[45]，黛玉便向椅上坐了。王夫人再四携他上炕，他方挨王夫人坐了。王夫人因说："你舅舅今日斋戒[46]去了，再见罢。只是有一句话嘱咐你：你三个姊妹倒都极好，以后一处念书认字学针线，或是偶一顽笑，都有尽让的。但我不放心的最是一件：我有一个孽根祸胎，是家里的'混世魔王'，今日因庙里还愿去了，尚未回来，晚间你看见便知了。你只以后不要睬他，你这些姊妹都不敢沾惹他的。"

黛玉亦常听得母亲说过，二舅母生的有个表兄，乃衔玉而诞，顽劣异常，极恶读书，最喜在内帏[47]厮混；外祖母又极溺爱，无人敢管。今见王夫人如此说，便知说的是这表兄了。因陪笑道："舅母说的，可是衔玉所生的这位哥哥？在家时亦曾听见母亲常说，这位哥哥比我大一岁，小名就唤宝玉，虽极憨顽，说在姊妹情中极好的。况我来了，自然只和姊妹同处，兄弟们自是别院另室的，岂得去沾惹之理？"王夫人笑道："你不知道原故：他与别人不同，自幼因老太太疼爱，原系同姊妹们一处娇养惯了的。若姊妹们有日不理他，他倒还安静些，纵然他没趣，不过出了二门，背地里拿着他两个小幺儿[48]出气，咕唧一会子就完了。若这一日姊妹们和他多说一句话，他心里一乐，便生出多少事来。所以嘱咐你别睬他。他嘴里一时甜言蜜语，一时有天无日，一时又疯疯傻傻，只休信他。"

黛玉一一的都答应着。只见一个丫鬟来回："老太太那里传晚饭了。"王夫人忙携黛玉从后房门由后廊往西，出了角门，是一条南北宽夹道。南边是倒座[49]三间小小的抱厦厅[50]，北边立着一个粉油大影壁，后有一半大门，小小一所房室。王夫人笑指向黛玉道："这是你凤姐姐的屋子，回来你好往这里找他来，少什么东西，你只管和他说就是了。"这院门上也有四五个才总角[51]的小厮，都垂手侍立。王夫人遂携黛玉穿过一个东西穿堂，便是贾母的后院了。

于是，进入后房门，已有多人在此伺候，见王夫人来了，方安设桌椅。贾珠之妻李氏捧饭，熙凤安箸，王夫人进羹。贾母正面榻上独坐，两边四张空椅，熙凤忙拉了黛玉在左边第一张椅上坐了，黛玉十分推让。贾母笑道："你舅母你嫂子们不在这里吃饭。你是客，原应如此坐的。"黛玉方告了座，坐了。贾母命王夫人坐了。迎春姊妹三个告了座方上来。迎春便坐右手第一，探春左第二，惜春右第二。旁边丫鬟执着拂尘[52]、漱盂、巾帕。李、凤二人立于案旁布让[53]。外间伺候之媳妇丫鬟虽多，却连一声咳嗽不闻。

寂然饭毕，各有丫鬟用小茶盘捧上茶来。当日林如海教女以惜福养身，云饭后务待饭粒咽尽，过一时再吃茶，方不伤脾胃。今黛玉见了这里许多事情不合家中之式，不得不随的，少不得一一改过来，因而接了茶。早见人又捧过漱盂来，黛玉也照样漱了口。盥手毕，又捧上茶来，这方是吃的茶。贾母便说："你们去罢，让我们自在说话儿。"王夫人听了，忙起身，又说了两句闲话，方引凤、李二人去了。贾母因问黛玉念何书。黛玉道："只刚念了《四书》。"黛玉又问姊妹们读何书。贾母道："读的是什么书，不过是认得两个字，不是睁眼的瞎子罢了！"

一语未了，只听外面一阵脚步响，丫鬟进来笑道："宝玉来了！"黛玉心中正疑惑着："这个宝玉，不知是怎生个惫懒[54]人物，懵懂顽童？——倒不见那蠢物也罢了。"心中想着，忽见丫鬟话未报完，已进来了一位年轻的公子：

头上戴着束发嵌宝紫金冠，齐眉勒着二龙抢珠金抹额[55]；穿一件二色金百蝶穿花大红箭袖[56]，束着五彩丝攒花结长穗宫绦[57]，外罩石青起花八团倭缎排穗褂[58]；登着青缎粉底小朝靴[59]。面若中秋之月，色如春晓之花，鬓若刀裁，眉如墨画，面如桃瓣，目若秋波。虽怒时而若笑，即瞋视而有情。项上金螭璎珞，又有一根五色丝绦，系着一块美玉。

黛玉一见，便吃一大惊，心下想道："好生奇怪，倒像在那里见过一般，何等眼熟到如此！"只见这宝玉向贾母请了安[60]，贾母便命："去见你娘来。"宝玉即转身去了。一时回来，再看，已换了冠带：头上周围一转的短发，都结成小辫，红丝结束，共攒至顶中胎发，总编一根大辫，黑亮如漆，从顶至梢，一串四颗大珠，用金八宝坠角[61]；身上穿着银红撒花半旧大袄，仍旧带着项圈、宝玉、寄名锁[62]、护身符[63]等物；下面半露松花撒花绫裤腿，锦边弹墨袜，厚底大红鞋。越显得面如敷粉，唇若施脂；转盼多情，语言常笑。天然一段风骚，全在眉梢；平生万种情思，悉堆眼角。看其外貌最是极好，却难知其底细。后人有《西江月》二词，批宝玉极恰，其词曰：

无故寻愁觅恨，有时似傻如狂。纵然生得好皮囊，腹内原来草莽。
潦倒不通世务，愚顽怕读文章。行为偏僻性乖张，那管世人诽谤！
富贵不知乐业，贫穷难耐凄凉。可怜辜负好韶光，于国于家无望。
天下无能第一，古今不肖无双。寄言纨绔与膏粱：莫效此儿形状！[64]

贾母因笑道："外客未见，就脱了衣裳，还不去见你妹妹！"宝玉早已看见多了一个姊妹，便料定是林姑妈之女，忙来作揖。厮见毕归坐，细看形容，与众各别：

两弯似蹙非蹙罥烟眉[65]，一双似泣非泣含露目。态生两靥之愁，娇袭一身之病[66]。泪光点点，娇喘微微。闲静时如姣花照水，行动处似弱柳扶风。心较比干多一窍，病如西子胜三分[67]。

宝玉看罢，因笑道："这个妹妹我曾见过的。"贾母笑道："可又是胡说，你又何曾见过他？"宝玉笑道："虽然未曾见过他，然我看着面善，心里就算是旧相识，今日只作远别重逢，亦未为不可。"贾母笑道："更好，更好，若如此，更相和睦了。"宝玉便走近黛玉身边坐下，又细细打量一番，因问："妹妹可曾读书？"黛玉道："不曾读，只上了一年学，些须认得几个字。"宝玉又道："妹妹尊名是那两个字？"黛玉便说了名。宝玉又问表字。黛玉道："无字。"宝玉笑道："我送妹妹一妙字，莫若'颦颦'二字极妙。"探春便问何出。宝玉道："《古今人物通考》[68]上说：'西方有石名黛，可代画眉之墨。'况这林妹妹眉尖若蹙，用取这两个字，岂不两妙！"探春笑道："只恐又是你的杜撰。"宝玉笑道："除《四书》外，杜撰的太多，偏只我是杜撰不成？"又问黛玉："可也有玉没有？"众人不解其语，黛玉便忖度着因他有玉，故问我有也无，因答道："我没有那个。想来那玉是一件罕物，岂能人人有的。"

宝玉听了，登时发作起痴狂病来，摘下那玉，就狠命摔去，骂道："什么罕物，连人之高低不择，还说'通灵'不'通灵'呢！我也不要这劳什子[69]了！"吓的众人一拥争去拾玉。贾母急的搂了宝玉道："孽障！你生气，要打骂人容易，何苦摔那命根子！"宝玉满面泪痕泣道："家里姐姐妹妹都没有，单我有，我说没趣；如今来了这们一个神仙似的妹妹也没有，可知这不是个好东西。"贾母忙哄他道："你这妹妹原有这个来的，因你姑妈去世时，舍不得你妹妹，无法处，遂将他的玉带了去了：一则全殉葬[70]之礼，尽你妹妹之孝心；二则你姑妈之灵，亦可权作见了女儿之意。因此他只说没有这个，不便自己夸张之意。你如今怎比得他？还不好生慎重带上，仔细你娘知道了。"说着，便向丫鬟手中接来，亲与他带上。宝玉听如此说，想一想大有情理，也就不生别论了。

当下，奶娘来请问黛玉之房舍。贾母说："今将宝玉挪出来，同我在套间[71]暖阁儿[72]里，把你林姑娘暂安置碧纱橱[73]里。等过了残冬，春天再与他们收拾房屋，另作一番安置罢。"宝玉道："好祖宗，我就在碧纱橱外的床上很妥当，何必又出来闹的老祖宗不得安静。"贾母想了一想说："也罢了。"每人一个奶娘并一个丫头照管，馀者在外间上夜听唤。一面早有熙凤命人送了一顶藕合色花帐，并几件锦被缎褥之类。

黛玉只带了两个人来：一个是自幼奶娘王嬷嬷，一个是十岁的小丫头，亦是自幼随身的，名唤作雪雁。贾母见雪雁甚小，一团孩气，王嬷嬷又极老，料黛玉皆不遂心省力的，便将自己身边的一个二等丫头，名唤鹦哥者与了黛玉。外亦如迎春等例，每人除自幼乳母外，另有四个教引嬷嬷[74]，除贴身掌管钗钏盥沐两个丫鬟外，另有五六个洒扫房屋来往使役的小丫鬟。当下，王嬷嬷与鹦哥陪侍黛玉在碧纱橱内。宝玉之乳母李嬷嬷，并大丫鬟名唤袭人者，陪侍在外面大床上。

〔1〕节选自《红楼梦》第三回（人民文学出版社，2008 年版）。题目为编者所加。

〔2〕敕（chì）造：奉皇帝之命建造。敕，本来是自上命下的用语，南北朝以前，通用于长官对下属、长辈对晚辈。之后，则为皇帝发布诏令的专称。

〔3〕一射之地：就是一箭之地，大约一百五十步。

〔4〕垂花门：旧时富家宅院，进入大门之后，内院院门一般有雕刻的垂花，倒悬于门额两侧，门上边盖有宫殿式的小屋顶，称“垂花门”。

〔5〕抄手游廊：院门内两侧环抱的走廊。

〔6〕穿堂：坐落在前后两个院落之间可以穿行的厅堂。

〔7〕大插屏：放在穿堂中的大屏风，除作装饰外，还可以遮蔽视线，以免进入穿堂就直见正房。

〔8〕穿山游廊：从山墙开门接起的游廊。山，指山墙，房子两侧的墙，形状如山，俗称“山墙”。

〔9〕解释：劝解消释，去烦除恼。

〔10〕风流：风韵。

〔11〕态度：言行举止所表现的神态。

〔12〕不足之症：中医病症名，由身体虚弱引起。如脾胃虚弱，叫“中气不足”；气血虚弱，叫“正气不足”。

〔13〕金丝八宝攒（cuán）珠髻：用金丝穿绕珍珠和镶嵌八宝（玛瑙、碧玉之类）制成的珠花的发髻。攒，凑聚。用金丝或银丝把珍珠穿扭成各种花样叫“攒珠花”。

〔14〕朝阳五凤挂珠钗：一种长钗，样子是一支钗上分出五股，每股一支凤凰，口衔一串珍珠。

〔15〕螭（chī）：古代传说中的无角龙。璎珞：连缀起来的珠玉。圈：项圈。

〔16〕比目玫瑰珮：玫瑰色的玉片雕琢成双鱼形的玉佩。珮：古代贵族佩戴的玉器，常雕琢成各种形状。比目：鱼名，传说这种鱼成双而行。

〔17〕缕金百蝶穿花大红洋缎窄裉（kèn）袄：在大红洋缎的衣面上用金线绣成百蝶穿花图案的紧身袄。裉：上衣前后两幅在腋下合缝的部分。

〔18〕五彩刻丝石青银鼠褂：石青色的衣面上有各种彩色刻丝，衣里是银鼠皮的褂子。刻丝：在丝织品上用丝平织成的图案，与凸出的绣花不同。石青：淡灰青色。褂：对襟外衣。

〔19〕翡翠：翠绿色。撒花：在绸缎上用散碎小花点组成的纹饰图案。洋绉：极薄而软的平纹春绸，微带自然皱纹。

〔20〕丹凤三角眼：眼角向上微翘，俗称“丹凤眼”。

〔21〕柳叶吊梢眉：形容眉梢斜飞入鬓的样子。

〔22〕风骚：这里指姿容俏丽。

〔23〕泼皮破落户儿：原指没有正当生活来源的无赖。这里形容凤姐泼辣，是戏谑的称谓。

〔24〕打谅：打量。

〔25〕月钱：每月按身份等级发给家中上下人等供零用的钱。

〔26〕便（biàn）宜：这里是“方便”的意思。

〔27〕翠幄（wò）：指用粗厚的绿色绸类做的轿车车帐。青绸：绸即绸，这里指用青色绸做的车帘。

〔28〕仪门：旧时官衙、府第的大门之内的门，取有仪可象之意，又具装饰作用。

〔29〕两边厢房鹿顶耳房钻山：两边的厢房用钻山的方式与鹿顶的耳房相连接。鹿顶：一作盝顶，此语首见于宋《营造法式》，单独用时指平屋顶。耳房：连接在正房两侧的小房子。钻山：指山墙上开门或开洞，与相邻的房子或游廊相接。

〔30〕万几宸（chén）翰之宝：这是皇帝印章上的文字。几：同机。万几，即万机，就是万事，形容皇帝政务繁多、“日理万机”的意思。宸翰：皇帝的笔迹。宸：北宸，即北极星。皇帝坐北朝南，故以北宸代指皇帝。翰：墨迹、书法。宝：皇帝的印玺。

〔31〕待漏：封建时代大臣要在五更前到朝房里等待上朝的时刻。漏：指“铜壶滴漏”，古代计时器，代指时间。随朝：按照大臣的班列朝见皇帝。墨龙大画：巨龙在云雾海潮中隐现的大幅水墨画。因旧时以龙象征帝王，又画中之“潮”与朝见之“朝”谐音。隐喻上朝陛见君王之意。贵族家中悬挂此画以示身份地位之荣耀。

〔32〕金蜼（wěi）彝（yí）：原为有蜼形图案的青铜祭器，后作贵重陈设品。蜼：一种长尾猿。彝：古代青铜器中礼器的通称。

〔33〕盒（hǎi）：盛酒器。

〔34〕錾（zàn）银：一种银雕工艺。錾：雕刻。

〔35〕“座上”一联：形容座中人和堂上客的衣饰华贵：佩戴的珠玉如日月般光彩照人，衣服的图饰如烟霞般绚丽夺目。珠玑：珍珠，兼喻诗文之美。黼（fǔ）黻（fú）：古代官僚贵族礼服上绣的花纹。黼：半黑半白的斧形图案。黻：“⌓⌓”形图案。

〔36〕世：即世交，指两代以上的交谊。教弟：同辈年龄较大者对较小者的谦称。

〔37〕罽（jì）：毛织的毯子。

〔38〕引枕：坐时搭扶胳膊的一种圆墩形的倚枕。

〔39〕秋香色：淡黄绿色。

〔40〕文王鼎：指周代的传国国鼎，此处说的是小型仿古香炉，内烧粉状檀香之类的香料。匙箸：拨弄香灰的用具。香盒：盛香料的盒子。

〔41〕汝窑美人觚（gū）：宋代河南汝州窑烧制的一种仿古瓷器。觚：古代盛酒器，长身细腰，形如美人，故称。

〔42〕椅搭：搭在椅上的一种长方形的绣花呢缎饰物。

〔43〕掐牙：锦缎双叠成细条，嵌在衣服或背心的夹边上，仅露少许，作为装饰。

〔44〕磊（luò）：叠放。

〔45〕弹墨：以纸剪镂空图案覆于织品上，用墨色或其他颜色弹或喷成各种图案花样。椅袱：用棉、缎之类做成的椅套。

〔46〕斋戒：古人在祭祀、礼佛或举行隆重大典前，沐浴、吃素、静养一至三日，摒除杂念，以示诚敬。

〔47〕内帏：即“内室”，女子的居处。帏：幕帐。

〔48〕小幺（yāo）儿：身边使唤的小仆人。幺：幼小。

〔49〕倒座：与正房相对、朝向相反的房子。

〔50〕抱厦厅：回绕堂屋后面的侧室。

〔51〕总角：儿童向上分开的两个发髻，代指儿童时代。

〔52〕拂尘：形如马尾，后有持柄，用以拂拭尘土，或驱赶蝇蚊，俗称“蝇甩子”。古时多用麈（zhǔ）兽之尾制成，故又称“麈尾”。

〔53〕布让：宴席间向客人敬菜、劝餐。

〔54〕惫懒（lài）：涎皮赖脸的意思。

〔55〕紫金冠：把头发束扎在顶部的一种髻冠，上面插戴各种饰物或镶嵌珠玉。抹额：围扎在额前，用以压发、束额。二龙抢珠是抹额上的装饰图案。

〔56〕二色金百蝶穿花大红箭袖：用两色金线绣成的百蝶穿花图案的大红窄袖衣服。箭袖：原为便于射箭穿的窄袖衣服，这里指男子穿的一种服饰。

〔57〕长穗宫绦（tāo）：系在腰间的绦带。长穗是绦带端部下垂的穗子。五彩丝攒花结：用五彩丝攒聚成花朵的结子，指绦带上的装饰花样。

〔58〕团：圆形起绒毛的团花，因其凸出，故云“起花”。倭缎：福建漳州、泉州等地仿日本织法制成的缎面起绒花的缎子。排穗：排缀在衣服下面边缘的彩穗。

〔59〕青缎：近黑的深青色缎子。朝靴：古代百官穿的“乌皮履”，这里指黑色缎面、白色厚底、半高筒的靴子。

〔60〕请安：即“问安”。清代的请安礼节是，男子打千，即右膝半跪，较隆重时双膝跪下；女子双手扶左膝，右腿微屈，往下蹲身，口称“请某人安”。

〔61〕坠角：用于朝珠、床帐等下端起下垂作用的小装饰品，这里是指辫子梢部所坠的饰物。

〔62〕寄名锁：旧时怕幼儿夭亡，给寺院或道观一定财物，让幼儿当“寄名”弟子，并在幼儿的项下系一小金锁，名“寄名锁”。为迷信习俗。

〔63〕护身符：从道观领来的一种符箓，带在身上，避祸免灾。为迷信习俗。

〔64〕这两首词用似贬实褒、寓褒于贬的手法揭示了贾宝玉的性格。皮囊：一作“皮袋”，指人的躯壳。草莽：丛生的杂草，喻不学无术。文章：此指四书五经及时文八股之类。偏僻：偏激，不端正。乐业：这里是满意、安于富贵的意思。纨（wán）袴（kù）：代指富家子弟。纨：素色细绢。

〔65〕罥（juàn）烟眉：形容眉毛像一抹轻烟。罥：挂。

〔66〕态生两靥（yè）之愁，娇袭一身之病：意思是妩媚的风韵生于含愁的面容，娇怯的情态出于孱弱的病体。态：情态，风韵。靥：面颊上的酒窝。袭：承继，由……而来。

〔67〕比干：商（殷）代纣王的叔父。《史记·殷本纪》载，纣王淫乱，“比干曰：‘为人臣者，不得不以死争。’乃（乃）强谏纣。纣怒曰：‘吾闻圣人心有七窍。’剖比干，观其心。”古人认为心窍越多越有智慧。西子：即西施，相传“西施病心而瞑”（瞑通“颦”，皱眉），益增妩媚（见《庄子·天运》）。上句极言林黛玉聪明颖悟，下句说林黛玉病弱娇美胜过西施。

〔68〕《古今人物通考》：未详。从下文来看，可能是宝玉的杜撰。

〔69〕劳什子：“东西”“玩意”，含有厌恶之意。

〔70〕殉葬：古代把活人或器物随同死者埋在墓中。

〔71〕套间：与正房相连的两侧房间。

〔72〕暖阁儿：指在套间内再隔断成为小房间，内设炕褥，两边安有隔扇，上边有一横眉，形成床帐的样子。

〔73〕碧纱橱：清代建筑内檐装修中隔断的一种，亦称“隔扇门”“格门”，用以隔断开间，中间两扇可以开关。格心多灯笼框式样，灯笼心上常糊以纸，纸上画花或题字；官殿或富贵人家常在隔心处安装玻璃或糊各色纱，所以叫“碧纱橱”，

俗称“格扇”。这里的“碧纱橱里”，是指以碧纱橱隔开的里间。

〔74〕教引嬷嬷：清代皇子一出生，即有保母、乳母各八人；断乳后，增“谙达”（满语，“伙伴”“朋友”的意思，这里指陪伴并负有教导责任的人），“凡饮食、言语、行步、礼节皆教之。”（见《清稗类钞》）世家大族家庭的“教引嬷嬷”，其职务与皇宫的“谙达”近似。

旁征博引

红楼梦众多版本探索

明清世情小说的巅峰之作，同时也是中国古典小说的巅峰之作，当属《红楼梦》。《红楼梦》又名《石头记》，乾隆中期时，以手抄本的形式在民间流传，但不知何种原因，只有前八十回内容，作者为曹雪芹。后有书商程伟元组织人续写了后四十回，将其凑成完整的故事，以一百二十回版本排印发行，续书之人存疑，后世多以为是高鹗。程伟元排印的一百二十回《红楼梦》被红学界称作“程本”。

“程本”的续写应该说是有功有过的。优点首先是使《红楼梦》成为一部结构完整、首尾齐全、浑然一体的文学作品，便于它的流传；其次，它写出了全书中心事件、主要人物的悲剧结局，如黛玉之死、贾家之败、宝玉出家等，基本符合曹雪芹的原有设定；最后，有的情节描写生动精彩，如潇湘惊梦、黛玉焚诗稿、魂归离恨天等。其缺点则主要是安排了贾府“兰桂齐芳，家道复初”的“大团圆”结局，削弱了全书的思想性和悲剧性；并且后四十回与前八十回相比，文字显得粗糙、逊色了许多。

前八十回手抄本的版本情况则相对复杂，常见的有“脂本”“戚本”“苏藏本”等。“脂本”指的是脂砚斋抄评的版本，根据抄评的时间，还分“甲戌本”、“乙卯本”和“庚辰本”。这些版本回目多少有别，有些内容也不太一样。除了抄录过程中的错漏以外，曹雪芹本人对这部心血之作“披阅十载，增删五次”，前后改动不小，也是重要的原因。

相关链接

蒲松龄与《聊斋志异》

明清两代，是白话小说异军突起、竞相争艳的时代，前文介绍的就是其中的一些佼佼者。与此同时，明清两代还有一些“另类”小说不得不提，它们或模拟六朝志怪，或仿制唐人传奇，以文言写就，篇幅皆短，与当时风靡的白话长篇小说迥然相异。这类小说被鲁迅先生概括为“拟古派”小说，产生原因大抵是唐人单本小说到明朝时已十亡其九，有人模拟仿写，读者便觉新奇有趣。这其中最著名、成就最高的当属清初蒲松龄的《聊斋志异》。

蒲松龄（1640—1715 年），字留仙，别号柳泉居士，山东淄川（今山东省淄博市淄川区洪山镇蒲家庄）人。他未及弱冠便初试科场，接连考取县、府、道三个第一，得中秀才，名震一时。此后的四十多年中他一共参加了十次乡试，但都屡试不第，直至七十一岁时才援例出贡，获得了一个安慰性质的贡生头衔，并得到一个“儒学训导”的虚衔。在科举不第的岁月里，蒲松龄为生计所迫，主要的生活来源便是在乡里做塾师，他舌耕四十余年，直至康熙四十八年（1709 年）方撤帐归家。在教书之余，蒲松龄把主要的精力放在了文学创作上，有一个广为流传的说法是，蒲松龄为了搜集鬼怪奇谈，曾在家乡路边备设烟茗，免费供人取用，但前提是请路人讲奇异的故事，以此作为素材来源。不过据鲁迅先生考证，蒲松龄的狐鬼故事多是从朋友处听来，又或者是从古书及唐人传奇里变化而来的。蒲松龄有一位东家毕际有乃是乡里富绅，对蒲松龄有知遇之恩，不仅给了他相对丰厚的酬金，让他可以从容养家，还准许他自由阅读自家藏书楼里的藏书，亲自为他搜罗素材，甚至撰写某些篇目，为蒲松龄修改完善《聊斋志异》提供了方便。

《聊斋志异》是文言短篇小说故事集，共四百九十余篇，四十余万字，内容丰富多彩，书中所叙，多是神仙、狐鬼、花妖、精魅的传奇故事，继承了六朝以来的志怪传统，但又写得曲折变幻、委婉精细、耐人寻味，尤其是书中的狐鬼妖精多具人情，通晓世故，与人无异，观之可亲。蒲松龄在书中借神狐世界充分表达了自己的爱憎情感和美好理想，所以这部书后来被誉为中国古代文言短篇小说集的巅峰之作。

蒲松龄

本章总结

课程思政

75 岁农民自办家庭书屋 48 年

“我喜欢书，日子过得再艰苦，只要有书读，就是一种幸福。”山东省菏泽市定陶区张湾镇张海村 75 岁的农民张传党，几十年来自费从书店买书，办起了一间家庭书屋。书屋从无到有，逐年积累，现藏书达 2.2 万余本，以文学类、故事类、实用技术类、儿童读物类居多，新旧不一。

张传党小时候没上过几天学，不识字，却一直向往读书。于是，他想到创办一间家庭书屋，让前来借书的人教自己认字。书屋就开在家中，虽然简陋，却吸引了许多村民、学生来阅读，有的文艺爱好者还会来这里排练节目。已泛黄的留言本里，有一名学生的留言：“是您把我带进知识的海洋，是您让我的学习更上一层楼。”

在乡亲们的帮助下，张传党学会了查字典，能读书看报，还尝试作诗。他在一首诗《蜡烛》里写道：“蜡烛虽小有价值，照亮他人燃自己。”48 年来，书屋的读者有的考上大学，有的外出工作，张传党依然守着这间书屋，散播一隅书香。

资料来源：潘俊强，王博．有书读，是一种幸福．人民日报，2020-11-26.

张传党的家

| 平语近人 |

大师、大家，不是说有大派头，而是说要有大作品。我们提到老子、孔子、孟子，想到的是《道德经》《论语》《孟子》；提起陶渊明、李白、杜甫，想到的是他们的千古名篇；说到柏拉图、莎士比亚、亚当·斯密，想到的也是他们的《理想国》《哈姆雷特》《国富论》。如果不把心思和精力放在创作精品上，只想着走捷径、搞速成，是成不了大师、成不了大家的。我在文艺工作座谈会上也说过，没有优秀作品，其他事情搞得再热闹、再花哨，那也只是表面文章、过眼烟云。

——节选自习近平在参加全国政协十三届二次会议文化艺术界、社会科学界委员联组会时的讲话（2019 年 3 月 4 日）

综合实践活动

中华古典诗词朗诵

主题：以“中华古典诗词朗诵”为主题开展一次朗诵会。

要求：每个同学选择自己喜爱的一首古典诗词进行诗配乐朗诵展示（最好选择家乡诗人或内容与家乡相关的诗词）。

总结：评析同学所选择的作品，并评选出“诗词朗诵小达人”。

第三章 人文艺术

中国有五千年文明史，人民长期的生产实践为艺术创作提供了题材、内容。生产劳动是丰富多彩的，当劳动人民、各阶层文人思维受到启发、碰撞乃至冲击，那么艺术也就开始萌芽了。古人的点点滴滴、整个民族的记忆就凝结在了每一滴墨、每一段旋律、每一块砖瓦、每一缕线条、每一抹色彩中。随着时间的推移，书法、音乐、绘画等艺术形式便作为一种抽象的“日记”被延续到了今天，古人的智慧、精神以其厚重而又鲜活的生命力泽被后世，滋润着今人。

翰墨风雅

传承经典

书法成为一门艺术，是以汉字的方形结构和线条变化为基础的。古人在创造这种方块字的时候，已经融入了中国人对造型美的基本见解，即结构平衡，线条流畅，整齐而有变化，均匀而有对比。这就给书法家提供了施展艺术才能、驰骋艺术想象的天地。汉字结构的写实主义精神，使汉字本身就具有自然之美和人文之美的因素，因此书法家们在挥毫洒墨的时候，完全可以依据自己对美的感受，把天地山川的自然之美、人物房舍之美与汉字的结构之美紧密地结合起来，并淋漓尽致地表现出来。

兰亭集序

永和九年（353 年）三月江南，正值“草长莺飞”的季节，天朗气清，惠风和畅。按照当时的风俗，人们都要到水塘边戏游以消除不祥，这叫“修禊”。时任右军将军会稽内史的王羲之携家人及子侄辈，同朋友相约、齐聚，玩“流觞曲水”游戏，羽觞随水漂流，停在谁面前，谁即饮酒赋诗。这是东晋名士中富于文学意味的一次雅集，面对春光烟景，大家开怀畅饮，放喉歌吟，在轻松愉快的氛围中留下了精美的诗集——《兰亭集》，作为雅集发起人，王羲之义不容辞地担当起为诗集作序的任务。

“仰观宇宙之大，俯察品类之盛”，万物随季节变化而变化，人生赖宇宙运转而运转。看山，千岩竞秀；听水，万壑争流。清风使他沉醉于朦胧，鸟鸣使他留恋于幽深。山风牵衣，使他恍惚生命的短暂，由此浮想联翩……从自然界到人类万物，他想到了快乐与悲伤，想到人的命运与生死，更想到后人如何看待他们……情思、哲思、文思激荡，有如春潮拍案卷起千堆雪。于是他大笔一挥，一气呵成了千古传诵的《兰亭集序》。

文妙，字更妙！一篇三百多字的美文却有二十个不同形态的“之”字，每个“之”字形态各异，无一雷同，各具独特风韵。重字之多，都别出心裁，自成妙韵，如：“事、为、以、所、欣、仰、共、畅、不、今、揽、怀、兴、后”等异字异构，妙趣横生，令人爱不释手。这件书法作品流露出的活泼趣味，尽在字里行间，给人以流畅回环、参差错落之美，显示出了飘逸不凡的气质。

经典的诞生往往就在瞬息之间，它凝聚了作者半生的功力，贯通了前世与后世的文化血脉，让历史的瞬间成为永恒。遗憾的是，我们今天看到的“天下第一行书”的墨迹只是唐人的临摹本，原作早已随唐太宗入昭陵沉睡了，留给后世的是一个永远的想象。

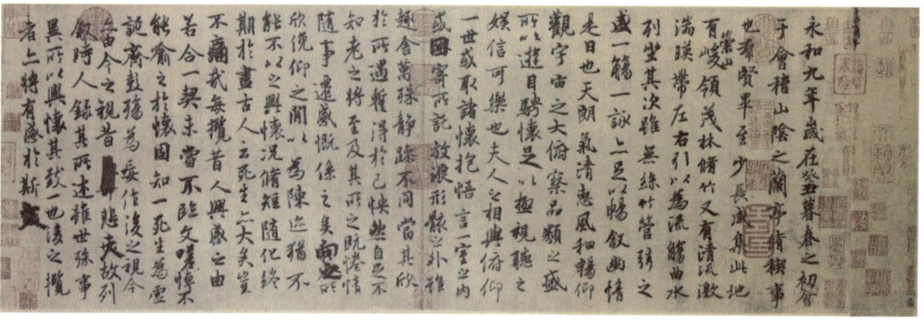

《兰亭集序》冯承素摹本

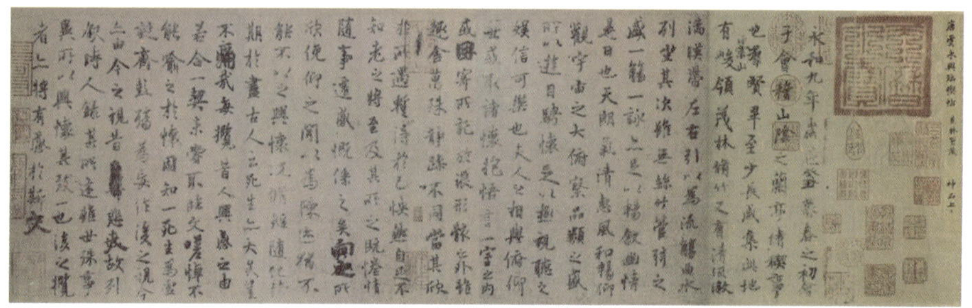

《兰亭集序》虞世南摹本

肚痛帖

唐代著名书法家张旭被后世尊称为“草圣”，他的草书被称作“狂草”。张旭的草书是在纯熟运用传统笔法的基础上，再随性赋形和畅意表现而形成的。他写字最大的特点就是在狂草的同时，还能“不逾规矩”。张旭喜欢饮酒，没有酒就没有好字。唐代李颀曾经形容张旭：“张公性嗜酒，豁达无所营。皓首穷草隶，时称太湖精。露顶据胡床，长叫三五声。兴来洒素壁，挥笔如流星。”

其草书《肚痛帖》是一幅有趣的书法作品，真迹已经丢失，有宋刻本，明代重刻，如今存于西安碑林。全帖六行三十个字：“忽肚痛不可堪，不知是冷热所致，欲服大黄汤，冷热俱有益。如何为计，非临床。”意思是作者此时突觉肚子疼痛难忍，不知道是不是着凉了。准备喝大黄汤治疗，大黄汤对冷热都是有帮助的。好难受！

这幅作品的字形变化有极强的画面感。最开始的三个字，笔锋还算规正，说明作者这个时候肚子还不是特别疼。越往后，肚子越疼。最后简直疼到想要到床上躺下了！从第四字开始，每行尽是一笔到底，一气呵成，映带相连，越往后越癫狂，草书所能表达的情境在这里发挥到了极致。

这篇因肚子痛而写成的作品竟然被奉为临摹的神品，因为它达到了书法艺术的最高境界——率性而为，随心而动。当然，这种看似随意的书法是需要极致的勤奋、极高的技巧和那时那刻稍纵即逝的灵感共同创造的。这也许就是书法艺术的魅力！

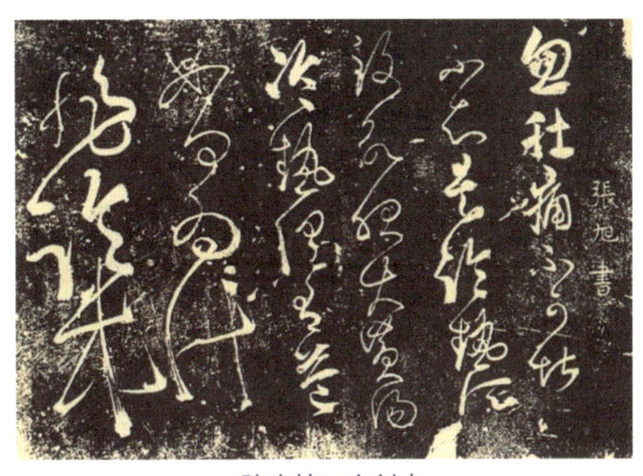

《肚痛帖》宋刻本

| 旁征博引 |

书法艺术的特点

书法艺术的特点是运笔取势，力在其中，以笔法的曲直、行滞，章法的虚实、疏密，结构的奇正、主次，显示出“相反相成”的美感。所谓“运笔取势”是指起笔要注意“逆”，结体要注意“违”，章法要注意“侧”，即形成一定的势态。“逆”就是落笔要取逆势，也叫“逆锋”，即欲行其右，先行其左；欲行其下，先行其上，这就可以使笔画充满力感。“违”就是错杂、多样、变化、参差、互异，即“数画并施，其形各异；众点齐列，为体互乖”，但又要“违而不犯”，即不能杂乱无章。“侧”就是笔画和章法要多取侧势，因为侧势造成的美更富于变化。总之，笔画不要雷同，不要呆板，要讲变化，讲互异，还要讲主次分明、虚实相间、刚柔并济，要讲正中有奇、连中有断、连断自如、开合自成，否则就构不成书法艺术。

相关链接

天柱山摩崖石刻

平度天柱山摩崖石刻位于山东平度以北，高 3 米，宽 1.5 米，是在一块天然碑状石上琢磨并刻文，文20行，每行45～50字不等，共881字。碑文是北魏光州刺史郑道昭所书，内容是为他的父亲兖州刺史郑羲歌功颂德。此碑结字宽正，笔力雄健，系魏碑之冠，在中国书法史上独树一帜。北宋末年，著名金石学家赵明诚（李清照之夫）将其收入《金石录》。近代书法大师康有为称之为“集篆情、分味、草韵”之大成，并有言，不识此碑者“不可以与之论书”。鲁迅先生曾花“二元”买下郑文公上碑一枚，并爱不释手。1984年，88岁高龄的艺术大师刘海粟拄着拐杖登临此碑，评价说“闻之有韵，掬之有声，望之有情，涤人尘俗”，并欣然题写了“瑰玮博达绝壁生辉”的赞词。天柱山刻石中还有一处“石室铭”，也是郑道昭书写；“天柱山铭”为郑道昭之子郑述祖所书，亦为历代书法家所注目，被康有为称为“妙品上”。

平度天柱山摩崖石刻

丹青神姿

传承经典

中国的绘画史可以上溯到石器时代。最初的中国绘画主要画在陶器和岩壁上，后来逐渐发展到画在墙壁、绢和纸上。

汉代的墓室壁画、帛画，深沉雄大；魏晋南北朝时期的绘画发展最为突出的是人物画和动物画；隋唐时期的绘画有了全面的发展，仕女画及宗教画更见完备；宋代设立了“书画院”，“画学”被正式列入科举；元代“文人画”盛行，诗、书、画的结合体现了中国画的又一次创造性的发展；明清的绘画流派纷繁，各个画科全面发展，山水、花鸟的成就最为显著，表现手法有所创新。

新中国成立后，中国美术开始了一个新阶段。当时，中国画创作主要体现为延安革命美术传统、苏联社会主义现实主义和徐悲鸿所倡导的写实主义相结合而成的形式。改革开放以来，革新中国画的探索呈现多元趋势，对中国画的创作与研究都做出了积极的贡献。

中国十大传世名画

《洛神赋图》为东晋顾恺之的画作，描绘了曹植与洛神真挚纯洁的爱情故事。《洛神赋图》原作已失，现传世的是宋代摹本。

《清明上河图》为北宋画家张择端仅见的存世精品，该画描绘了北宋时期都城（今河南开封）的自然风光和繁荣景象，具有很高的历史价值和艺术价值。

《富春山居图》为元代画家黄公望的绘画作品。该画因被焚而成两段，前半卷《剩山图》现收藏于浙江省博物馆，后半卷《无用师卷》现藏于台北“故宫博物院”。

《汉宫春晓图》为明代画家仇英创作的一幅仕女画。该人物长卷画生动地再现了汉代宫女的生活情景，被誉为中国“重彩仕女第一长卷”。

《白骏图》由意大利籍清代宫廷画家郎世宁创作。此图共绘有 100 匹骏马，姿势各异，尽显骏马之态。

《步辇图》是唐朝画家阎立本的名作之一。作品所绘的是吐蕃使者禄东赞朝见唐太宗的场景，具有珍贵的历史和艺术价值。

《步辇图》

《唐宫仕女图》的作者是唐代张萱和周昉。该画描绘了唐代美女众生相。

《五牛图》为唐朝韩滉创作的黄麻纸本设色画。该画是少数几件唐代传世画真迹之一。

《韩熙载夜宴图》是五代十国时期南唐画家顾闳中的绘画作品。该画描绘了官员韩熙载在家设夜宴载歌行乐的场面。

《千里江山图》为北宋王希孟创作的绢本设色画，集北宋以来水墨山水之成，现藏于北京故宫博物院。

旁征博引

带你认识国画

一、国画的分类

国画，即中国画，是我国传统艺术形式之一。按照内容，国画可分为以下三大类。

人物画，指以人物形象为主体的绘画，大体有道释画、仕女画、肖像画、风俗画、历史故事画等。人物画力求人物个性刻画逼真传神、气韵生动。

山水画，指以描写山川自然景色为主体的绘画。山水画的特征是有意境，追求“境界”，亲近自然、陶冶情操、净化心灵。

花鸟画，指以花、鸟、鱼、虫等为描绘对象的绘画。花鸟画的表现技法多样，从绘画手法看，有工笔花鸟画和写意花鸟画；从水墨色彩看，有水墨花鸟画、泼墨花鸟画、设色花鸟画、白描花鸟画等。

二、国画的画法

工笔画和写意画是国画的两种画法。

工笔画用笔工整细致、敷色层层渲染，细节入微，用极细腻的笔触描绘事物，着重线条美，一丝不苟，通过取神得形、以线立形、以形达意获取神、形的完美统一。在工笔画中，不论是人物画，还是花鸟画，都关注细节，注重写实。

工笔画

写意画用简练、豪放、洒脱的笔墨，描绘物象的形和神，抒发作者的感情。写意画要求有高度的概括能力、以少胜多的含蓄意境。

写意画

另外，国画还有一种画法叫“兼工带写”，综合运用了工笔和写意这两种方法。一幅画中的形象，有笔法工整细致的部分，也有较放纵写意的部分，用工、写两种笔法，表现出物象的形神。

兼工带写画

三、国画的特点

有人说，西洋画是“再现”的艺术，中国画是“表现”的艺术。国画的主要特点有如下三点。

追求神似，注重意境。国画讲究“气韵生动”，不拘泥于物体外表的肖似，多强调作者的主观情趣，也就是讲求“以形写神”，追求一种“妙在似与不似之间”的感觉。不仅画出事物的形态，还要画出其内在的意蕴。

以墨线为造型的主要手段。国画注重线条勾画，不管是人物、山水还是花鸟鱼虫，多使用线条和墨色。

诗、书、画、印相融合，产生形意相生、形色相映的艺术效果。

四、国画的工具

国画的绘画工具主要有笔、墨、颜料、纸、砚等。

毛笔为中国所创，毛笔可分为硬毫、软毫和兼毫。选笔的标准是“尖、齐、圆、健”。“尖”是笔锋尖锐，蘸墨后尖利如故；“齐”是修削整齐，笔尖铺开压扁，笔毛一律崭齐；“圆”是圆浑饱满；“健”是劲健有力。

墨在中国绘画中具有独特的地位。墨有固体墨与液体墨两种。国画的传统用墨是固体墨。液体墨由于使用方便，现在十分普及，用于写意画较好。

国画使用的颜料包括植物颜料、天然矿物颜料及化学合成颜料三大类。植物颜料可以相互调和使用，但容易褪色。矿物颜料相互不能调和使用，但覆盖力强，不易褪色。化学合成颜料使用方便、价格低廉，但颜料本身的色泽远不及天然矿物颜料纯正美丽，容易褪色。

国画用纸种类广泛，如宣纸、皮纸、棉纸等，还有绫、绢等织物也是绘画的材料。

砚是磨墨用的，要求细腻滋润，容易发墨，并且墨汁细匀无渣。砚是一种久负盛名的中国传统手工艺品。中国四大名砚为歙砚、端砚、洮砚及澄泥砚。

相关链接

平度宗家庄木版年画

道光年间，宗家庄有位名叫宗有明的人，将木版年画从潍坊杨家埠带到了宗家庄，本意是让它成为村民谋生的一个手段，并请了杨家埠的师傅进行现场指导。不久，村里便有了多家年画生产作坊，到了民国初年，宗家庄 70 户人家已有 30 多户开了木版年画作坊，后来发展到全村几乎户户都以年画生产为业。

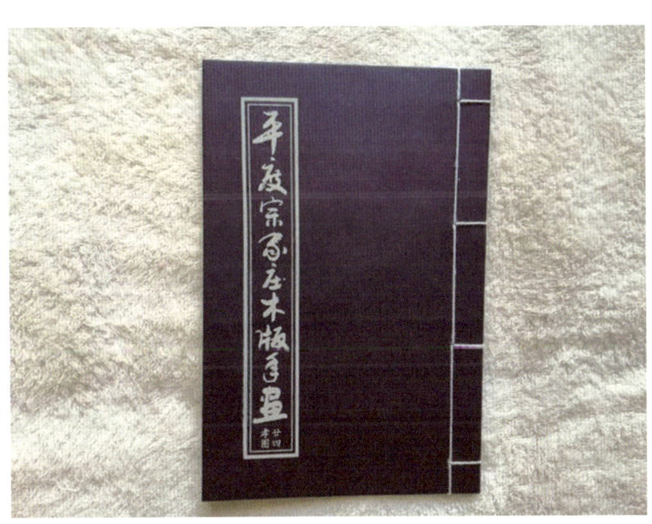

每年秋收、秋种结束以后，特别是农历腊月后，全村年画作坊开始日夜做工制作年画，非常红火。每到春节来临前夕，特别是过了腊月二十三辞灶节以后，远近十里八乡，户户都要在自己的室内、墙壁贴几张年画，烘托节日热闹气氛，而宗家庄木版年画最受大家喜爱。

这里的木版年画按用途可分为神供类和装饰类，题材形式多样，大都和农村房屋建筑密切结合。木版年画的内容与中国传统年画一样，取材广泛，多以民间故事、戏曲、小说等为素材，另有中国传统的“门童”“财神”“灶王”“窗花”等 300 多个品种。内容多为麒麟送子、莲（连）年有鱼（余）、五子登科等。按照张贴位置大致可分成门画、窗花、居室画等几类。多用寓意、夸张、象征的表现手法，以细腻见长，人物形象朴拙，色彩艳丽夺目，别树一帜的风格使它成为当地农村年画市场的抢手货。

宗家庄木版年画

余音绕梁

传承经典

在中国古代社会中，“琴、棋、书、画”历来被视为文人雅士修身养性的必由之径。古琴以其清、和、淡、雅的音乐品格寄寓了文人风凌傲骨、超凡脱俗的处世心态。

中国古琴名曲

中国古琴名曲有《潇湘水云》《广陵散》《高山流水》《渔樵问答》《平沙落雁》《阳春白雪》《胡笳十八拍》《阳关三叠》《梅花三弄》《醉渔唱晚》等。这里着重介绍前五首。

《潇湘水云》的作者为南宋古琴演奏家、作曲家、教育家及浙派古琴的创始人郭沔。南宋末年，官场腐败黑暗，作者感慨时势飘零，满怀忧国之情，却只能观潇湘二水风起云涌，“每欲望九嶷，为潇湘水云所蔽”，于是作《潇湘水云》以记。

《广陵散》是一首曲调较为激昂的古琴曲，大约产生于东汉末期，全曲共有 45 个乐段，描写的是勇士聂政的故事。汉魏时期嵇康因反对司马氏专政而遭杀害，临刑前曾从容弹奏此曲。

《高山流水》原为一曲，自唐代以后，分为《高山》与《流水》两首独立的琴曲。传说先秦的琴师俞伯牙一次在野外弹琴，樵夫钟子期竟能领会这是描绘“峨峨兮若泰山”和“洋洋兮若江河”。伯牙惊道：“善哉，子之心而与吾心同。”钟子期死后，伯牙痛失知音，摔琴绝弦，终生不弹。两千多年来，这首著名的古琴曲与伯牙鼓琴遇知音的故事一起广泛流传。

《渔樵问答》乐曲采用渔者和樵者对话的方式，以上升的曲调表示问句，下降的曲调表示答句，旋律飘逸潇洒，表现出渔者、樵者悠然自得的神态，反映的是一种隐逸之士对渔樵生活的向往。

《平沙落雁》是一首广为流传的作品。该曲曲调悠扬流畅，表现手法新颖、别致，通过时隐时现的雁鸣，描写雁群降落前在空中盘旋的情景。

旁征博引

了解古代乐器

中国古代乐器，共分为吹、拉、弹、打四大类，分别由八种材料（金、石、土、木、匏、革、丝、竹）制成，史称“八音”。从乐器发展的过程来说，先有打击乐、吹奏乐，后有弹弦乐，最后才有拉弦乐。原始社会的乐器从劳动工具演化而来，被用来作为祭祀时为歌舞伴奏的器具。那时的乐器都用骨、土、石、木制成，如骨哨、土鼓、陶埙、石磬等。青铜器出现以后，开始用铜制作乐器，如编钟、编磬等。竹制乐器的产生也比较早，如商周时期的竽、笙等。丝制乐器都为弦乐，春秋战国时已出现，秦汉以后大为流行。在发展过程中，中国音乐还采用了大量外来乐器，经过一番改造和消化，使之成为中国的乐器，如琵琶、胡琴、羯鼓等，反映了中外文化的交流和融合。这里，我们介绍几种有代表性的乐器。

编钟，商周时期的重要乐器，在八音系统中属金，打击乐器，其特点是组合性、系列化，规模比较大，用大小不同的铜钟来显示音质。据文献记载，钟的数目为 16 枚，但近代出土的编钟多不合此数。陕西省扶风县出土的西周晚期编钟，一套只有 8 枚；河南省信阳市出土的春秋末期编钟为 13 枚。迄今所知最大的编钟是湖北省随州市曾侯乙墓出土的战国编钟，连同 1 枚镈，共计 65 枚，分三层悬挂，音域可包括现代钢琴的所有黑白键音响。其规模之大、音质之好、制作之精，反映了当时制铜工艺和音乐文化的水平。

竽，形态像笙而比笙大，故被视为大笙，在八音系统中属匏，吹奏乐器，最早见于商代，战国时很流行。从典故“滥竽充数”所反映的齐宣王使 300 人吹竽的故事中，可见其流行的盛况。文献记载的竽长四尺二寸，有 36 根簧管，但湖南省长沙市马王堆汉墓出土的汉竽有 22 根管，分前后两排。

琴，常与瑟合称，在八音系统中属丝，弹弦乐器，在中国音乐史上至为重要，被视为音乐艺术的代表，故古人以“琴棋书画”概括一个人的才艺。琴在周代已经产生，大约到汉代基本定型。琴身为狭长的木质音箱，琴面张弦七根，故又名“七弦琴”，是历代的主要伴奏乐器之一。通过琴保存下来的古代乐曲相当丰富，演奏流派也很多，并有《琴史》（宋代朱长文著）、《琴操》（传为东汉蔡邕著）及《琴学丛书》（近代杨宗稷著）等专著传世。

箜篌，又写作空侯、坎侯，古代的弹弦乐器，分卧式和竖式两种。据东汉应劭《风俗通》载，卧箜篌为汉武帝时的乐人侯调所造，样子像琴而略小，七弦，用拨弹奏。竖箜篌则是竖琴的前身，后汉时经西域传入中原地区，是古波斯乐器。琴体弯曲而修长，张弦 22（也说 23）根，奏时抱在怀中用两手弹拨。箜篌在魏晋以后十分流行，古诗《孔雀东南飞》中有“十五弹箜篌，十六诵诗书”之句，乐府诗、曹植诗中有《箜篌引》，都可为证。李贺的《李凭箜篌引》、杨巨源的《听李凭弹箜篌诗》等唐诗作品，生动地描写了梨园弟子李凭弹奏箜篌的情景。

筚篥，吹奏乐器，南北朝时从波斯经“丝绸之路”传入中国，隋唐流行甚广，是一种九孔的竖笛，龟兹乐、天竺乐、安国乐、疏勒乐、高昌乐等都离不开它。据《乐府杂录》记载，唐德宗时有一位将军名尉迟青，善吹筚篥，技艺冠绝古今。幽州王麻奴技艺不凡，不服尉迟青，入京与之比试高下，尉迟青不予理会。后允其入宅比赛，王麻奴以高般涉调吹奏《勒部羝曲》，一曲终了，汗流浃背。尉迟青却以平般涉调吹之，使王麻奴佩服得涕泣谢罪。这一记载说明，筚篥在当时社会的中下层都很流行。

琵琶，亦作批把，弹弦乐器，种类很多。一类是秦琵琶，由中国古乐器演变而来，但也受了胡乐的影响。其形状为圆体直柄、四弦、12 柱（音位）。后因魏晋“竹林七贤”之一的阮咸善于弹奏此器，故世人称之为“阮咸”，并增加为 13 柱。现在日本正仓院收藏有唐代阮咸。另一类是曲项琵琶，南北朝时由西域传入，隋唐时代盛极一时，名人高手不断涌现，在敦煌壁画和雕塑中都有它的形象，因形制不同而称为龟兹琵琶、五弦琵琶、小忽雷、大忽雷等，其共同特点是半梨形曲颈。唐宋以后不断改进，演奏技法也日益丰富，如反弹琵琶之类。唐诗中描写琵琶的作品很多，尤以白居易的《琵琶行》最为著名。

相关链接

蔡邕的焦尾琴

中国古代有“四大名琴”之说：齐桓公的“号钟”、楚庄王的“绕梁”、司马相如的“绿绮”和蔡邕的“焦尾”。

蔡邕是东汉的文史大家，还是琴门圣手。他通晓音律，尤擅弹琴，对琴的选材、制作、调音，都有一套精辟独到的见解。他所著的《琴赋》《琴操》是影响深远的琴学名著，所创作的《蔡氏五弄》是千古名曲，曾被隋炀帝列为考取进士的必考题目。

蔡邕为人正直，敢于对灵帝直言相谏。后来在朝堂上的处境越来越危险，于是他打点行李，逃出了京城，隐居了起来。出逃时他舍弃了很多财物，但一直舍不得丢下那把心爱的琴，将它带在身边，细加呵护。在隐居的日子里，他常常抚琴，借琴声抒发自己遭受迫害的悲愤和感叹前途渺茫的怅惘。

有一天，蔡邕坐在房里抚琴长叹，女房东在隔壁的灶间烧火做饭，木柴被烧得不断发出响声。忽然，蔡邕听到一阵清脆的爆裂声，心中一惊，大叫一声“不好”，跳起来就往灶间跑。来到炉火边，他伸手就将那块塞进灶膛当柴烧的桐木拽了出来，大声喊道：“这可是难得的一块做琴的好材料啊！”桐木还很完整，蔡邕将它买下来，然后精雕细刻将这块桐木做成了一把琴。这把琴弹奏起来果然音韵奇佳，音色美妙绝伦。这把琴流传下来，成了世间罕有的珍宝。因为它的琴尾被烧焦了，人们叫它“焦尾琴”。可惜，这把焦尾琴早已失传。

园林美境

传承经典

中国古典园林历史悠久，文化内涵丰富。据有关文献记载，我国造园应始于商周时期，其时称之为“囿”，也叫“游囿”，即把自然景色优美的地方圈起来，放养禽兽，供帝王狩猎。

汉朝把早期的游囿发展为以园林为主的帝王苑囿行宫，除供皇帝游憩之外，还举行朝贺、处理朝政。上林苑、梁园等，都是这一时期的著名苑囿。司马相如所作《上林赋》、司马迁的《史记》等对西汉时期的苑囿有较详细的记载。

魏晋南北朝时期，文人、画家参与造园。隋唐之际，逐渐把造园艺术从自然山水园阶段，推进到写意山水园阶段。

盛唐时代，宫廷御苑设计愈发精致，宫殿建筑雕栏玉砌，显得格外华丽。

宋元时期的园林代表作品有艮岳、沧浪亭、西湖等。

明清时期是中国园林发展的高峰期。皇家园林创建以清代康熙、乾隆时期最为活跃，建造了圆明园、避暑山庄、畅春园等大规模的园林。

我国古典园林是自然美和艺术美的结合体，虽由人作，宛若天开，讲究诗情画意，追求意境。经过长期的造园实践，我国形成了完善的园林艺术理论和精湛的造园技巧，在世界园林史独树一帜。

中国古典园林以江南古典园林和北方皇家园林为代表。国务院颁布第一批全国重点文物保护单位，有四座中国古典园林被列入其中，分别为拙政园、颐和园、避暑山庄、留园，它们被称为“中国四大名园”。

拙政园，是江南古典园林的代表作品。全园以水为中心，山水萦绕，亭榭精美，花木繁茂，共有堂、楼、亭、轩等三十一景。

颐和园为清朝时期皇家园林，是一座以昆明湖、万寿山为基址，以杭州西湖为蓝本，汲取江南园林的设计手法而建成的大型山水园林。1961 年入列第一批全国重点文物保护单位，1998 年被列入《世界遗产名录》。

拙政园

颐和园

避暑山庄，历经清康熙、雍正、乾隆三朝建成，是中国现存占地最大的古代帝王宫苑，分宫殿区、湖泊区、平原区、山峦区四大部分。山中有园，园中有山，大小建筑有 120 多组。

留园的建筑艺术独创一格、收放自然，内外空间关系密切，景区之间以墙相隔，以廊贯通，又以空窗、漏窗、洞门使两边景色相互渗透。

苏州园林[1]

叶圣陶

苏州园林据说有一百多处，我到过的不过十多处。其他地方的园林我也到过一些。倘若要我说说总的印象，我觉得苏州园林是我国各地园林的标本，各地园林或多或少都受到苏州园林的影响。因此，谁如果要鉴赏我国的园林，苏州园林就不该错过。

设计者和匠师们因地制宜，自出心裁，修建成功的园林当然各个不同。可是苏州各个园林在不同之中有个共同点，似乎设计者和匠师们一致追求的是：务必使游览者无论站在哪个点上，眼前总是一幅完美的图画。为了达到这个目的，他们讲究亭台轩榭的布局，讲究假山池沼的配合，讲究花草树木的映衬，讲究近景远景的层次。总之，一切都要为构成完美的图画而存在，决不容许有欠美伤美的败笔。他们唯愿游览者得到"如在画图中"的美感，而他们的成绩实现了他们的愿望，游览者来到园里，没有一个不心里想着口头说着"如在画图中"的。

我国的建筑，从古代的宫殿到近代的一般住房，绝大部分是对称的，左边怎么样，右边也怎么样。苏州园林可绝不讲究对称，好像故意避免似的。东边有了一个亭子或者一道回廊，西边决不会来一个同样的亭子或者一道同样的回廊。这是为什么？我想，用图画来比方，对称的建筑是图案画，不是美术画，而园林是美术画，美术画要求自然之趣，是不讲究对称的。

苏州园林里都有假山和池沼。假山的堆叠，可以说是一项艺术而不仅是技术。或者是重峦叠嶂，或者是几座小山配合着竹子花木，全在乎设计者和匠师们生平多阅历，胸中有丘壑，才能使游览者攀登的时候忘却苏州城市，只觉得身在山间。至于池沼，大多引用活水。有些园林池沼宽敞，就把池沼作为全园的中心，其他景物配合着布置。水面假如成河道模样，往往安排桥梁。假如安排两座以上的桥梁，那就一座一个样，决不雷同。池沼或河道的边沿很少砌齐整的石岸，总是高低屈曲任其自然。还在那儿布置几块玲珑的石头，或者种些花草：这也是为了取得从各个角度看都成一幅画的效果。池沼里养着金鱼或各色鲤鱼，夏秋季节荷花或睡莲开放，游览者看"鱼戏莲叶间"，又是入画的一景。

苏州园林栽种和修剪树木也着眼在画意。高树与低树俯仰生姿。落叶树与常绿树相间，花时不同的多种花树相间，这就一年四季不感到寂寞。没有修剪得像宝塔那样的松柏，没有阅兵式似的道旁树：因为依据中国画的审美观点看，这是不足取的。有几个园里有古老的藤萝，盘曲嶙峋的枝干就是一幅好画。开花的时候满眼的珠光宝气，使游览者感到无限的繁华和欢悦，可是没法说出来。

游览苏州园林必然会注意到花墙和廊子。有墙壁隔着，有廊子界着，层次多了，景致就见得深了。可是墙壁上有砖砌的各式镂空图案，廊子是两边无所依傍的，实际是隔而不隔，界而未界，因而更增加了景致的深度。有几个园林还在适当的位置装上一面大镜子，层次就更多了，几乎可以说把整个园林翻了一番。

游览者必然也不会忽略另外一点，就是苏州园林在每一个角落都注意图画美。阶砌旁边栽几丛书带草。墙上蔓延着爬山虎或者蔷薇木香。如果开窗正对着白色墙壁，太单调了，给补上几竿竹子或几棵芭蕉。诸如此类，无非要游览者即使就极小范围的局部看，也能得到美的享受。

苏州园林里的门和窗，图案设计和雕镂琢磨功夫都是工艺美术的上品。大致说来，那些门和窗尽量工细而决不庸俗，即使简朴而别具匠心。四扇，八扇，十二扇，综合起来看，谁都要赞叹这是高度的图案美。摄影家挺喜欢这些门和窗，他们斟酌着光和影，摄成称心满意的照片。

苏州园林与北京的园林不同，极少使用彩绘。梁和柱子以及门窗栏杆大多漆广漆，那是不刺眼的颜色。墙壁白色。有些室内墙壁下半截铺水磨方砖，淡灰色和白色对衬。屋瓦和檐漏一律淡灰色。这些颜色与草木的绿色配合，引起人们安静闲适的感觉。花开时节，更显得各种花明艳照眼。

可以说的当然不止以上写的这些，这里不再多写了。

〔1〕选自《百科知识》1979 年第 4 期，原题为“拙政诸园寄深眷——谈苏州园林”，引用时有删节。

旁征博引

“中国——园林之母”

19 世纪末至 20 世纪初，英国著名博物学家 E. H. 威尔逊深入我国西部考察，前后 4 次，历时 12 年。他采集的植物标本有 6.5 万余份，还发现了许多新种，为西方国家引去了 1500 余种原产我国西部的园林花卉植物。

威尔逊从自己的采集经历中切身体会到了中国园林花卉对世界园林艺术乃至环境改善做出了巨大的贡献。为此，1929 年，他以游记形式写成《中国——园林之母》一书。该书详细记述了我国西部丰富的植物资源和壮丽的景色等，内容十分丰富，是 20 世纪对国际园艺学和植物学影响深远的著作，“中国是园林之母”的论断得到了人们的认同。

相关链接

《红楼梦》中的大观园

曹雪芹在《红楼梦》中描述了贾府为贵妃省亲修建的行宫别墅，名为“大观园”。园中叠石假山、曲廊亭榭、佛庵庭院，宛若人间仙境，精丽绝伦。栊翠庵苍松翠柏、红梅如胭；蘅芜苑异草仙藤、味芬气馥；怡红院丝垂翠缕、葩吐丹砂；潇湘馆曲折游廊、翠竹掩映。

大观园其实是曹雪芹总结当时江南园林和帝王苑囿创作出来的世外桃源。他用一支笔，勾画了大观园的造园设计思想、建筑布局、景点设置、植物配置、装饰陈设等，为我们呈现了一个集园林建筑艺术之大成的“天上人间诸景备”的中国古典园林。《红楼梦》描绘的大观园对后世造园产生了深远的影响，成为中国现代很多园林景点的蓝本。

清代孙温所绘《红楼梦》中的大观园

本章总结

课程思政

阔别160年，马首回归圆明园

阔别160年，马首铜像终归家。2020年12月1日，圆明园马首铜像划拨入藏仪式在圆明园正觉寺举行，国家文物局正式将圆明园马首铜像划拨圆明园管理处收藏。马首铜像结束百年流离，成为第一件回归圆明园的流失海外重要文物。

在圆明园正觉寺，《百年梦圆——圆明园马首铜像回归展》同时揭幕。文殊亭内，马首铜像被赫然置于正中间。此次入藏，国家文物局会同北京市有关方面，选定圆明园正觉寺作为马首铜像展示场地，乾隆时期文物建筑文殊亭作为马首的专属展区。

圆明园马首铜像，是清代圆明园长春园西洋楼建筑群海晏堂外十二生肖兽首喷泉主要构件之一。1860年英法联军侵入北京，圆明园惨遭劫掠焚毁，马首铜像与其他11尊兽首铜像一同流失海外。马首铜像为意大利人郎世宁设计，融合了东西方艺术理念与设计风格，清乾隆年间由宫廷匠师精工制作，以精炼红铜为材，色彩深沉厚重，以失蜡法一体铸造成型，神态栩栩如生，毛发纤毫毕现，历百年风雨而不锈蚀，展现出极高的工艺水准，是一件非凡的艺术品。

2007年，国家文物局获悉马首铜像即将在香港拍卖，斡旋推动回归，港澳知名爱国企业家何鸿燊慨然出资购入。2019年，为庆祝中华人民共和国成立70周年和澳门回归20周年，在国家文物局积极沟通协调下，何鸿燊决定将圆明园马首铜像捐赠国家文物局。2020年，国家文物局正式将马首铜像划拨北京市海淀区圆明园管理处收藏、展示，为马首铜像百年回归之路画上圆满句号。

和马首一同展出的，还有约100组件珍贵文物与照片，从清代出土的西洋雕花石柱、琉璃构件，到社会各界捐赠的圆明园石狮、乾隆帝御笔石牌匾，1172平方米的空间里，展览以马首回归为主线，通过圆明重光、万园之园、马首回归三个单元，讲述圆明园及马首的重要价值，再现文物回归之路。

“马首不再是一件皇家私藏，而是属于全体人民的文化遗产。”国家文物局局长刘玉珠说，马首归园，昭示文物追索新方向。在联合国教科文组织 1970 年公约框架下，中国文物追索返还工作机制日益成熟，成果丰硕。对于在国际公约生效前，历史上因战争劫掠、文化掠夺、非法贸易等原因流失的文物，如何开展追索返还，国际社会依然缺乏法律基础和普遍共识。中国政府坚定践行人类命运共同体理念，坚定支持非法流失文物回归原属国，愿和国际社会一道，将促进历史流失文物返还作为重点方向，推动文物流失国与文物流入国相向而行，共同探讨妥善解决历史问题的有效途径，为构建更加公平正义的流失文物追索返还新秩序，继续贡献中国实践、中国方案、中国力量。

据透露，70 多年来，在国家多部门联动、全社会参与下，已促成 300 余批次 15 万余件流失文物回归祖国。

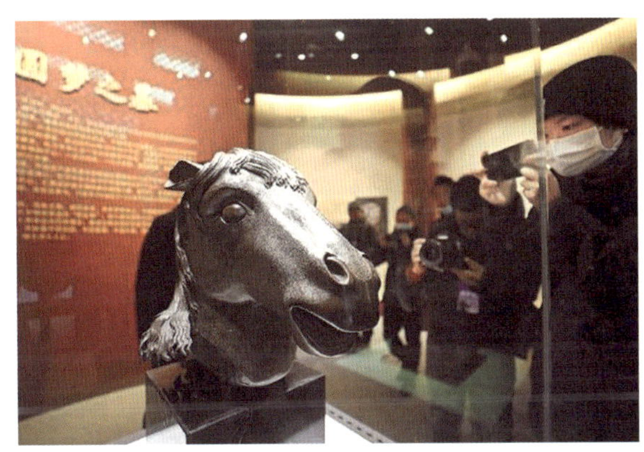

马首在正觉寺内展出

资料来源：李祺瑶. 阔别 160 年，马首回归圆明园. 北京日报，2020-12-02.

平语近人

随着人民生活水平不断提高，人民对包括文艺作品在内的文化产品的质量、品位、风格等的要求也更高了。文学、戏剧、电影、电视、音乐、舞蹈、美术、摄影、书法、曲艺、杂技以及民间文艺、群众文艺等各领域都要跟上时代发展、把握人民需求，以充沛的激情、生动的笔触、优美的旋律、感人的形象创作生产出人民喜闻乐见的优秀作品，让人民精神文化生活不断迈上新台阶。

还有，国际社会对中国的关注度越来越高，他们想了解中国，想知道中国人的世界观、人生观、价值观，想知道中国人对自然、对世界、对历史、对未来的看法，想知道中国人的喜怒哀乐，想知道中国历史传承、风俗习惯、民族特性，等等。这些光靠正规的新闻发布、官方介绍是远远不够的，靠外国民众来中国亲自了解、亲身感受是很有限的。而文艺是最好的交流方式，在这方面可以发挥不可替代的作用，一部小说，一篇散文，一首诗，一幅画，一张照片，一部电影，一部电视剧，一曲音乐，都能给外国人了解中国提供一个独特的视角，都能以各自的魅力去吸引人、感染人、打动人。京剧、民乐、书法、国画等都是我国文化瑰宝，都是外国人了解中国的重要途径。文艺工作者要讲好中国故事、传播好中国声音、阐发中国精神、展现中国风貌，让外国民众通过欣赏中国作家艺术家的作品来深化对中国的认识、增进对中国的了解。要向世界宣传推介我国优秀文化艺术，让国外民众在审美过程中感受魅力，加深对中华文化的认识和理解。

——节选自习近平在文艺工作座谈会上的讲话（2014 年 10 月 15 日）

综合实践活动

你对国画文化的感想

主题：感悟国画文化。

要求：通过欣赏国画或学习画国画，从中感悟国画文化。

总结：写一写你对国画文化的感想。

第四章 衣食住行

在人类生活中，衣食住行是最常见、最重要、最不可或缺的需求，人类生活的每一天，都离不开这四种基本的生存行为，它们构成了人类社会生活最基本的内容。衣食住行所呈现的人类社会生活方式似乎是“低层次”的文化，但却是物质文化的重要内容。

传统服饰

传承经典

服饰是人类特有的劳动成果，它既是物质文明的结晶，又具精神文明的含意。中国服饰的历史源远流长，以鲜明特色为世界所瞩目，传统服饰以汉服为主，另外还有胡服、旗装等。

商周时期的服饰形式主要采用上衣下裳制。

春秋战国时期的服饰主要包括以深衣为代表的汉族传统服饰和北方少数民族的胡服。

秦代服色尚黑。汉代建立了舆服制度，服饰上的等级差别十分明显。

魏晋南北朝时期宽衣博带成为流行服饰。

隋唐时期服饰形制更加开放，服饰愈益华丽。

宋代基本保留了汉民族服饰的风格。辽、西夏、金及元代的服饰则民族特点鲜明。

明代恢复汉族服饰的传统，明太祖朱元璋重新制定了汉服服饰制度。

清代男子服饰以长袍马褂为主，满族妇女以长袍为主，汉族妇女则为上衣下裳式的袄裙。

民国时男子服饰从长袍马褂向中山装和西装逐步过渡，女子服饰变得日益丰富多彩，旗袍广泛普及。旗袍和中山装所蕴含的传统文化和中华民族的包容品质，使其在近代尤为盛行。

沈从文说服饰[1]

沈从文

秦代出土人形，主要为战车和骑士，数量达八千余人。人物面目既高度写实，衣甲器物亦一切如真。唯战士头髻处理烦琐到无从设想。当时如何加工，又如何能持久保持原有状态？髻偏于一侧，有无等级区别？是一个无从索解的问题，实有待更新的发现。

两汉时间长，变化大，而史部书又特列舆服部门，冠绶二物且和官爵等第密切相关，记载十分详尽。但试和大量石刻彩绘校核，都不易符合。主要原因，文献记载中冠制，多朝会燕享、郊天祀地、高级统治者的礼仪上服用制度；而石刻反映，却多平时燕居生活和奴仆劳动情况。且东汉人叙西汉事已隔一层，组绶织作技术即因战乱而失传，悬重赏征求才告恢复，可知加工技术必相当复杂。近半个世纪以来，出土石刻彩绘图像虽多，有的还保存得十分完整，唯绶的制作，仍少具体知识。又如东汉石刻壁画的梁冠，照记载梁数和爵位密切相关，帝王必九梁。而石刻反映，则一般只一梁至三梁，也难和记载一一印证。且主要区别，西汉冠巾约发而不裹额。裹额之巾帻，东汉始出现。袍服东汉具有一定形制，西汉不甚严格统一。

从近年长沙马王堆出土大量保存完整实物，更易明确问题。又帝王及其亲属，礼制中最重要的为东园秘器28种中的金银缕玉衣。照汉志记载，这种玉衣全部重叠如鱼鳞，足胫用长及尺许玉札缠裹。从近年较多出土实物看来，则全身均用长方玉片连缀而成，唯用大玉片做足底。王侯丧葬礼仪，史志正式记载，尚如此不易符合事实，其余难征信处可想而知。

又汉代叔孙通虽订下车舆等级制度，由于商业发展，许多禁令制度，早即为商人所破坏，不受法律约束。正如贾谊说的帝王所衣黼绣，商人则用以被墙壁，童奴且穿丝履。

从东汉社会上层看来，袍服转入制度化，似乎比西汉较统一。武氏石刻全部虽如用图案化加以表现，交代制度即相当具体。特别是象征官爵等级的绶，制度区别严格，由色彩、长短和绪头粗细区别官品地位。

武氏石刻绶的形象及位置，反映得还是比较清楚。直到汉末梁冠去梁之平巾帻，汉末也经过统一，不分贵贱，一律使用。到三国，则因军事原因，多用巾帼代替。不仅文人使用巾子表示名士风流，主持军事将帅，如袁绍崔钧之徒，亦均以幅巾为雅。诸葛亮亦有纶巾羽扇指挥战事，故事且流传千载。当时有折角巾、菱角巾、紫纶巾、白纶巾等等名目，张角起义则着黄巾。可知形状、材料、色彩，也必各有不同。风气且影响到晋南北朝。至于巾子式样，如不联系当时或稍后图像，则知识并不落实。其实，仿古弁形制如合掌的，似应为“帢”，如波浪皱褶的，应名为“帢”。时代稍后，或出于晋人戴逵作《列女仁智图》，及近年南京西善桥出土《竹林七贤图》，齐梁时人作《斫琴图》，均有较明确反映。

至两晋衣着特征，男子在官职的，头上流行小冠子，实即平巾帻缩小，转回到“约发而不裹额”式样。一般平民侍仆，男的头上则为后部尖耸略偏一侧之“帩头”，到后转成尖顶毡帽。南北且有同一趋势。妇女则如干宝《晋纪》和《晋书·五行志》说的衣着上俭而下丰（即上短小，下宽大），髻用假发相衬，见时代特征。因发髻过大过重，不能常戴，平时必搁置架上。从墓俑反映，西晋作十字式，尚不过大。到东晋，则两鬓抱面，直到遮蔽眉额。到东晋末齐梁间改为急束其发上耸成双环，名“飞天”，邓县出土南朝画像砖上所见妇女有典型性，显然受佛教影响。北方石刻作梁鸿孟光举案齐眉故事，天龙山石刻供养人，头上均有这种发式出现，且作种种不同发展。但北朝男子官服定型有异于南朝，则为在晋式小冠子外加一筒子式平顶漆纱笼冠。因此得知，传世《洛神赋图》产生时代，决不会早于元魏定都洛阳以前。历来相传为顾恺之笔，由服饰看来，时代即晚。

隋统一中国后，文帝一朝社会生活比较简朴。从敦煌壁画贵族进香人，到青白釉墓葬女侍俑比较，衣着式样均相差不多。特征为小袖长裙，裙上系及胸。

谈唐代服饰的，因文献详明具体，材料又特别丰富，论述亦多。因此，本书只就前人所未及处，略加引申。一为从唐初李寿墓中出土物，伎乐石刻绘画，及传世《步辇图》中宫女看来，可得如下较新知识：初唐衣着还多沿隋代旧制，变化不大。而伎乐已分坐部和立部。二为由新疆近年出土墓俑，及长安新出唐永泰公主、懿德太子诸陵壁画所见，得知唐代“胡服”似可分前后两期，前期来自西域、高昌、龟兹，间接则出于波斯影响，特征为头戴浑脱帽，身穿圆领或翻领小袖衣衫，条纹卷口裤，透空软底锦靴。出行骑马必着帷帽。和文献所称，盛行于开天间实早百十年。后期则如白居易新乐府所咏“时世装”形容，特征为蛮鬟椎髻，眉作八字低颦，脸敷黄粉，唇注乌膏，影响实出自吐蕃。

〔1〕节选自《沈从文说文物·服饰篇》（中信出版社，2017 年），引用时略有改动。

| 旁征博引 |

与服饰有关的成语

被（pī）褐怀玉：身上穿的是粗布衣服，却胸揣宝玉。比喻出身贫寒而怀有真才实学。被，通“披”。褐，泛指粗布衣服。

两袖清风：两袖中除清风外，别无所有。比喻做官廉洁，也比喻穷得一无所有。

衣冠礼乐：各种等级的穿戴及各种礼仪规范，指封建社会中各种典章礼仪。

不修边幅：原指不拘小节，后多用来形容不注意衣着或容貌的整洁。边幅，布帛的边缘，喻指人的衣着、仪表。

纨绔子弟：旧时指官僚、地主等有钱有势人家成天吃喝玩乐、不务正业的子弟。纨绔，细绢裤。

大寒索裘：等到大冷天才去找毛皮衣服。比喻平时没有准备，事到临头十分慌乱。

解衣推食：把穿着的衣服脱下给别人穿，把正在吃的食物让别人吃。形容对人极为关怀，慷慨帮助。

天衣无缝：神话传说中仙女的衣服没有衣缝。比喻事物周密完善，找不出破绽或漏洞。

相关链接

平度刺绣

刺绣，平度民间称“绣花”，为昔时女子专习之“女红”技艺之一。刺绣已有几千年历史，在平度地区的出现年代已不可考，曾是经久不衰的民间传统工艺之一。刺绣是以绣花针引彩线，按设计的花样在织物上刺缀运线，以绣迹构成纹样或文字。平度民间刺绣多为生活实用品，如：女人的绣花鞋、小孩的布兜、姑娘的嫁衣、手帕、门帘、枕顶、披肩、荷包等。所用工具称“绣花挣子”，竹制，圆形，分内外两圈，将织物压入圈内挣紧扯平，方可刺绣。针法复杂多变，有乱针绣、束针绣、双面绣、辫子股等；花样有花鸟鱼虫、鸳鸯、燕子等，不可胜数。

中国饮食

传承经典

中华饮食文化博大精深、源远流长。中国烹饪技艺是在中国传统文化中的阴阳五行哲学思想、儒家伦理道德观念、中医营养学说、文化艺术成就、饮食审美风尚、民族性格特征诸多因素的共同影响下形成的。中华饮食与文学艺术、人生境界都具有深厚广博的关系。

我国的地方菜系十分丰富，有常说的四大菜系（也称四大风味：川、鲁、粤、苏）和八大菜系（鲁菜、川菜、苏菜、粤菜、闽菜、浙菜、湘菜、徽菜）等。有人曾把“八大菜系”用拟人化的手法描绘为：苏、浙菜好比清秀素丽的江南美女；鲁、徽菜犹如古拙朴实的北方健汉；粤、闽菜宛若风流儒雅的公子；川、湘菜就像内涵丰富、才艺满身的名士。足见中国“八大菜系”的烹调技艺各具风韵，其菜肴之特色也各有千秋。

故乡的吃食[1]

迟子建

北方人好吃，但吃得不像南方人那么讲究和精致，菜品味重色暗，所以真正能上得了席面的很少。不过寻常百姓家也是不需要什么席面的，所以那些家常菜一直是我们的最爱。

如果不年不节的，平素大家吃得都很简单。由于故乡地处苦寒之地，冬季漫长，寸草不生，所以吃不到新鲜的绿色蔬菜。我们食用的，都是晚秋时储藏在地窖里的菜：土豆、萝卜、白菜、胡萝卜、大头菜、倭瓜，当然还有腌制的酸菜和夏季时晒的干菜，比如豆角干、西葫芦干、茄子干等等。人们喜欢吃炖菜，冬天的菜尤其适合炖。将一大盆连汤带菜的热气腾腾的炖菜捧上桌，寒冷都被赶走了三分。人们喜欢把主食泡在炖菜中，比如玉米饼和高粱米饭，一经炖菜的浸润，有如酒经过了岁月的洗礼，滋味格外的醇厚。而到了夏季，炖菜就被蘸酱菜和炒菜代替了。园田中有各色碧绿的新鲜蔬菜，菠菜呀黄瓜呀青葱呀生菜呀等等，都适宜生着蘸酱吃；而芹菜、辣椒等等则可爆炒，这个季节的主食就不像冬天似的以干的为主了，这时候人们喜欢喝粥，芸豆大糙子粥、高粱米粥以及小米绿豆粥是此时餐桌上的主宰。

家常便饭到了节日时，就像毛手毛脚的短工，被打发了，节日自有节日的吃食。先从春天说起吧。立春的那一天，家家都得烙春饼。春饼不能油大，要擀得薄如纸片，用慢火在锅里轻轻翻转，烙到白色的面饼上飞出一片片晚霞般的金黄的印记，饼就熟了。烙过春饼，再炒上一盘切得细若游丝的土豆丝，用春饼卷了吃，真的觉得春天温暖地回来了。除了吃春饼，这一天还要“啃春”，好像残冬是顽石一块，不动用牙齿啃噬它，春天的气息就飘不出来似的。我们啃春的对象就是萝卜，萝卜到了立春时，柴的比脆生的多，所以选啃春的萝卜就跟皇帝选妃子一样周折，既要看它的模样，又要看它是否丰腴，汁液是否饱满。很奇怪，啃过春后，嘴里就会荡漾着一股清香的气味，恰似春天草木复苏的气息。立春一过，离清明就不远了。人们在这一天会挎着篮子去山上给已故的亲人上坟。篮子里装着染成红色的熟鸡蛋，它们被上过供后，依然会被带回到生者的餐桌上，由大家分食，据说吃了这样的鸡蛋很吉利。而谁家要是生了孩子，主人也会煮了鸡蛋，把皮染红，送与亲戚和邻里分享。所以我觉得红皮鸡蛋走在两个极端上：出生和死亡。它们像一双无形的大手，一手把新生婴儿托到尘世上，一手又把一个衰朽的生命送回尘土里。所以清明节的鸡蛋，吃起来总觉得有股土腥味。

清明过后，天气越来越暖了，野花开了，草也长高了，这时端午节来了。家家户户提前把风干的粽叶泡好，将糯米也泡好，包粽子的工作就开始了。粽子一般都包成菱形，若是用五彩线捆粽叶的话，粽子看上去就像花荷包了。粽子里通常要夹馅的，爱吃甜的就夹上红枣和豆沙，爱吃咸的就夹上一块腌肉。粽子蒸熟后，要放到凉水中浸着，这样放个两天三天都不会坏。父亲那时爱跟我们讲端午节的来历，讲屈原，讲他投水的那条汨罗江，讲人们包了粽子投到水里是为了喂鱼，鱼吃了粽子，就不会吃屈原了。我那时一根筋，心想：你们凭什么认为鱼吃了粽子后就不会去吃人肉？我们一顿不是至少也得吃两道菜吗？吃粽子跟吃点心是一样的，完全可以拿着它们到门外去吃。门楣上插着拴着红葫芦的柳枝和艾蒿，一红一绿的，看上去分外明丽，站在那儿吃粽子真的是无限风光。我那时对屈原的诗一无所知，但我想他一定是个了不起的诗人，因为世上的诗人很多，只有他才会给我们带来节日。

端午节之后的大节日，当属中秋节了。中秋节是一定要吃月饼的。那时商店卖的月饼只有一种，馅是用青红丝、花生仁、核桃仁以及白糖调和而成的，类似于现在的五仁月饼，非常甜腻。我小的时候虫牙多，所以记得有两次八月十五吃月饼时，吃得牙痛，大家赏月时，我却疼得呜呜直哭。爸爸会抱起我，让我从月亮里看那个偷吃了长生不老药而飞入月宫的嫦娥，可我那双蒙眬的泪眼看到的只是一团白花花的东西。月光和我的泪花融合在一起了。在这一天，小孩子们爱唱一首歌谣：“蛤蟆蛤蟆气膨，气到八月十五，杀猪、宰羊，气得蛤蟆直哭。”

蛤蟆的哭声我没听到，倒是听见了自己牙痛的哭声。所以我觉得自己就是歌谣中那只可怜的蛤蟆，因牙痛而不敢碰中秋餐桌上丰盛的菜肴。

中秋一过，天就凉了，树叶黄了，秋风把黄叶吹得满天飞。雪来了。雪一来，腊月和春节也就跟着来了。都说腊七腊八冻掉下巴，所以到了腊八的时候，人们要煮腊八粥喝。腊八粥的内容非常丰富，粥中不仅有多种多样的米，如玉米、高粱米、小米、黑米、大米；还有一些豆类，如芸豆、绿豆、黑豆等。这些米和豆经过几个小时慢火的熬制，香软滑腻，喝上这样一碗香喷喷的粥，真的是不惧怕寒风和冰雪了。

一年中最大最隆重的节日莫过于春节了。我们那里一进入腊月，女人们就开始忙年了。她们会每天发上一块大面团，花样翻新地蒸年干粮，什么馒头、豆包、糖三角、花卷、枣山，蒸好了就放到外面冻上，然后收到空面袋里，堆置在仓房，正月时随吃随取。除了蒸年干粮，腊月还要宰猪。宰猪就是男人们的事情了。谁家宰猪，那天就是谁家的节日。餐桌上少不了要有蒜泥血肠、大骨棒炖干豆角、酸菜白肉等令人胃口大开的菜。

人们一年的忙活，最终都聚集在除夕的那顿年夜饭上了。除了必须要包饺子之外，家家都要做上一桌的荤菜，少则六个，多则十二、十八个，看到盘子挨着盘子，碗挨着碗，灯影下大人们脸上的表情是平和的。他们很知足地看着我们，就像一只羊喂饱了它的羊羔，满面温存。我们争着吃饺子，有时会被大人们悄悄包到饺子里的硬币给硌了牙，当我们当啷一声将硬币吐到桌子上时，我们就长了一岁。

〔1〕选自《我的世界下雪了》（浙江文艺出版社，2016年），引用时略有改动。

| 旁征博引 |

饮食与礼仪

我国是礼仪之邦，吃饭用餐都很有讲究，饮食礼仪也是饮食文化的重要组成部分。

1. 座次

总的来说，若是圆桌，座次是“以右为上”“面朝大门为尊”。正对大门的为主人座，主人两边的位置，右侧尊于左侧，离主人越近的越尊贵。若为八仙桌，如果有正对大门的座位，则正对大门一侧的左边位置为尊。如果不正对大门，则北面东侧为首席。如果为大宴，桌与桌间的排列讲究首席居前居中，左边依次为 2、4、6

席，右边为 3、5、7 席，根据主客身份、地位、亲疏分坐。主人应提前到达，在靠门的位置等待，并且为来宾引座。客人应该听从主人的安排入座。

2. 点菜

如果时间允许，应该等大多数客人到齐之后，将菜单供客人传阅并请他们来点菜。如果你的上司在酒席上，千万不要因为尊重他，或是认为他应酬经验丰富，而让他来点菜，除非他主动要求。如果你是赴宴者，不该在点菜时太过主动，而应请主人来点菜。如果对方盛情要求，你可以点一个不太贵且不是大家忌口的菜，点菜前记得征询一下桌上人的意见，让大家感觉被照顾到了。点菜后，可以说“我点了菜，不知道是否合大家的口味”“要不要再点些其他的”等。点菜时，可根据以下三个规则：一看人员组成；二看菜肴组合；三看宴请的重要程度。还有一点需要注意，点菜时不应问服务员菜肴的价格或讨价还价，这样会显得小家子气，而且客人也会觉得不自在。

3. 吃菜

中国人一般都很讲究吃，并且也很讲究吃相。在中餐宴席进餐开始时，服务员送上的湿毛巾是擦手的，不要用它去擦脸。上龙虾、鸡、水果时，会送上一只小水碗，碗里漂着柠檬片或玫瑰花瓣，它不是饮料，而是洗手用的。用餐时要注意文明礼貌，对外宾不要反复劝菜，可向对方介绍菜的特点，是否吃随对方意。客人入席后，不要立即动手取食，而应待主人打招呼，由主人举杯示意宴席开始时，客人才能开始，不能抢在主人前面动筷子。夹菜要文明，应等菜肴转到自己面前时，再动筷子，不要抢在邻座前面夹菜。一次夹菜也不宜过多。要细嚼慢咽，这不仅有利于消化，也是餐桌上的礼仪要求，决不能大块往嘴里塞，狼吞虎咽，这样会给人留下贪婪的印象。不要发出不必要的声音，如喝汤、吃菜时嘴里发出声响，这都是粗俗的表现。嘴里的骨头和鱼刺不要吐在桌子上，可用餐巾掩口，用筷子取出来放在碟子里。餐后不要不加控制地打饱嗝。在主人还没示意宴席结束时，客人不能先离席。

4. 喝酒

酒桌上也有很多学问和讲究，以下一些酒桌上的小细节需注意：

细节一：领导相互敬完才轮到自己敬酒，敬酒一定要站起来，双手举杯。

细节二：可以多人敬一人，决不可一人敬多人，除非你是领导。

细节三：自己敬别人，如果不碰杯，自己喝多少可视情况而定。

细节四：自己敬别人，如果碰杯，说一句“我喝完，您随意”，方显大度。

细节五：记得多给领导或客户添酒，不要乱给领导代酒。

细节六：端起酒杯时右手握杯，左手垫杯底，记着自己的杯子永远低于别人。

细节七：如果没有特殊人物在场，敬酒最好按顺时针顺序进行，不要厚此薄彼。

细节八：碰杯、敬酒，要有说辞。

细节九：假如遇到酒不够的情况，可将酒瓶放在桌子中间，让客人自己添。

5. 倒茶

首先，茶具要清洁。客人进屋后，先让座，后备茶。冲茶之前，一定要把茶具洗干净，在冲茶、倒茶之前最好用开水烫一下茶壶和茶杯，这样既讲究卫生，又显得彬彬有礼。现在一般的公司都使用一次性杯子，在倒茶前要注意给一次性杯子套上杯托，以免水热烫手，让客人一时无法端杯喝茶。

其次，茶叶要适量。茶叶过多则茶味过浓，茶叶太少则冲出的茶没味道。假如客人主动介绍自己喜欢喝浓茶或淡茶的习惯，那就按照客人的口味把茶冲好。倒茶时，不管杯子大小，都不能倒得太满，太满了容易溢出，若不小心还会烫伤自己或客人。当然，也不宜倒得太少。

再次，端茶要得法。按照我国传统习惯，应用双手给客人端茶。双手端茶也要注意，对有杯耳的茶杯，通常是用一只手抓住杯耳，另一只手托住杯底，把茶端给客人。

最后，添茶要及时。如果领导和客户的杯子里需要添茶，要主动为其添茶，也可以示意服务生来添茶，或让服务生把茶壶留在桌上，由自己亲自来添茶。添茶的时候要先给领导和客户添，最后给自己添。

6. 离席

一般酒会和茶会的时间较长，大约都有两小时。一场宴会进行得正热烈的时候，如果有人离开，可能会引起众人一哄而散的结果，使主办人着急。为了避免这种尴尬的场面，当你要中途离开时，不要和每一个人告别，只需悄悄地和身边的两三个人示意。中途离席，一定要向邀请你来的主人说明、致歉，不能不告而别。和主人打过招呼，应该马上就走，不要拉着主人一直聊天。

相关链接

孝子做菜，敬天爱人

热拌凉是一道有着浓郁地方风味的平度名菜，虽然简单，却凝聚了人们敬天爱人的深意。热拌凉的配料有黄瓜、凉粉卷、西红柿、鸡蛋饼、黑木耳，红、黄、白、绿、黑对应五脏，暗含五行。一道菜配有肉、蛋、菜、豆、果，包罗万象，寓意阴阳调和、风调雨顺、五谷丰登。

相传即墨古城，有一孝子擅长烹调，以此为业，奉养母亲。岁月更替，老母亲逐渐老迈体衰，孝子忧心如焚，整天都为母亲的身体担心，苦苦寻思能增进老母亲饮食的妙方。时至夏季，他想到老母亲平时最爱吃新鲜蔬菜，就选了最新鲜的西红柿、黄瓜，加入适合老人食用的蛋饼、凉粉卷，用麻酱拌匀。又怕菜凉，伤脾胃，于是炒了一些细嫩的肉丝中和菜的凉性，呈给老母亲。菜品五颜六色，老母亲一看就有了食欲，问儿子这是什么菜，孝子随口说："热拌凉。"老母亲还没听说过这样的菜呢，知道是儿子特地为自己做的，心里高兴，尝了尝，还真是特别好吃，就叮嘱儿子多做些这个菜，让更多的老人能享用美味。孝子于是谨遵母命，精心制作，上市销售，果然人人喜爱，成为平度城一道畅销不衰的菜品。

热拌凉虽然简单，却深受人们喜爱，人人爱吃，店店会做，选材多样，荤素搭配，营养互补，浓香不腻，分层摆放，寓意步步高升。用平度特产的胶东大花生、芝麻慢火细焙，细细研磨制成麻酱，经麻酱的调和使整道菜品更加浓香适口。此菜上桌需要客人动手拌匀后食用，所以这也是一道带有吉祥意味、祈求好运的菜品，"一拌步步高升，再拌风生水起，三拌生意兴隆，四拌财源广进……"大家一起挑拌，和谐了气氛，增进了情谊。

古代建筑

传承经典

中国悠久的历史创造了灿烂的古代文化，古建筑更是其重要组成部分。中国古代涌现出许多的建筑大师，营造了许许多多传世的宫殿、陵墓、庙宇、园林、民宅……中国古代建筑不仅可以作为现代建筑设计的借鉴，而且早已产生了世界性的影响，成为举世瞩目的文化遗产。

中国建筑的特征[1]

梁思成

中国的建筑体系是在世界各民族数千年文化史中一个独特的建筑体系。它是中华民族数千年来世代经验的累积所创造的。这个体系分布到很广大的地区：西起葱岭，东至日本、朝鲜，南至越南、缅甸，北至黑龙江，包括蒙古人民共和国的区域在内。这些地区的建筑和中国中心地区的建筑，或是同属于一个体系，或是大同小异，如弟兄之同属于一家的关系。

北京四合院住宅

考古学家所发掘的殷代遗址证明，至迟在公元前15世纪，这个独特的体系已经基本上形成了。它的基本特征一直保留到了最近代。三千五百年来，中国世世代代的劳动人民发展了这个体系的特长，不断地在技术上和艺术上把它提高，达到了高度水平，取得了辉煌成就。

中国建筑的基本特征可以概括为下列九点。

（一）个别的建筑物，一般地由三个主要部分构成：下部的台基，中间的房屋本身和上部翼状伸展的屋顶。

（二）在面布置上，中国所称为一“所”房子是由若干座这种建筑物以及一些联系性的建筑物，如回廊、抱厦、厢、耳、过厅等等，围绕着一个或若干个庭院或天井建造而成的。在这种布置中，往往左右均齐对称，构成显著的轴线。这同一原则，也常应用在城市规划上。主要的房屋一般地都采取向南的方向，以取得最多的阳光。这样的庭院或天井里虽然往往也种植树木花草，但主要部分一般地都有砖石墁①地，成为日常生活所常用的一种户外的空间，我们也可以说它是很好的“户外起居室”。

（三）这个体系以木材结构为它的主要结构方法。这就是说，房身部分是以木材做立柱和横梁，成为一付梁架。每一付梁架有两根立柱和两层以上的横梁。每两付梁架之间用枋、檩②之类的横木把它们互相牵搭起来，就成了“间”的主要构架，以承托上面的重量。

两柱之间也常用墙壁，但墙壁并不负重，只是像“帷幕”一样，用以隔断内外，或分划内部空间而已。因此，门窗的位置和处理都极自由，由全部用墙壁至全部开门窗，乃至既没有墙壁也没有门窗（如凉亭），都不妨碍负重的问题；房顶或上层楼板的重量总是由柱承担的。这种框架结构的原则直到现代的钢筋混凝土构架或钢骨架的结构才被应用，而我们中国建筑在三千多年前就具备了这个优点，并且好为中国将来的新建筑在使用新的材料与技术的问题上具备了极有利的条件。

（四）斗拱：在一付梁架上，在立柱和横梁交接处，在柱头上加上一层层逐渐挑出的称作“拱”的弓形短木，两层拱之间用称作“斗”的斗形方木块垫着。这种用拱和斗综合构成的单位叫作“斗拱”。它是用以减少立柱和横梁交接处的剪力③，以减少梁的折断之可能的。更早，它还是用以加固两条横木接榫的，先是用一个斗，上加一块略似拱形的“替木④”。斗拱也可以由柱头挑出去承托上面其他结构，最显著的如屋檐，上层楼外的“平坐”（露台），屋子内部的楼井、栏杆等。斗的装饰性很早就被发现，不但在木构上得到了巨大的发展，并且在砖石建筑上也充分应用，

① 用石、砖等铺饰在地面上。

② 架在屋架或山墙上面用来支持椽子或屋面板的长条形构件，也叫桁或檩条。

③ 剪力，又称剪切力。“剪切”是在一对相距很近、大小相同、指向相反的横向外力（即垂直于作用面的力）作用下，材料的横截面沿该外力作用方向发生的相对错动变形现象。能够使材料产生剪切变形的力称为剪力或剪切力。

④ 替木是一种中国木建筑构件，即在拱上方承托梁枋的短木，或是承托檩、枋接头的短木。

它成中国建筑中最显著的特征之一。

（五）举折，举架：梁架上的梁是多层的；上一层总比下一层短，两层之间的矮柱（或柁[①]墩）总是逐渐加高的。这叫作“举架”。屋顶的坡度就随着这举架，由下段的檐部缓和的坡度逐步增高近屋脊处的陡斜，成了缓和的弯曲面。

（六）屋顶在中国建筑中素来占着极其重要的位置。它的瓦面是弯曲的，已如上面所说。当屋顶是四面坡的时候，屋顶的四角也就是翘起的。它的壮丽的装饰性也很早就被发现而予以利用了。在其他体系建筑中，屋顶素来是不受重视的部分，除掉穹窿顶得到特别处理之外，一般坡顶都是草草处理，生硬无趣，甚至用女儿墙把它隐藏起来。但在中国，古代智慧的匠师们很早就发挥了屋顶部分的巨大的装饰性。在《诗经》里就有“如鸟斯革”“如翚斯飞”的句子来歌颂像翼舒展的屋顶和出檐。《诗经》开了端，两汉以来许多诗词歌赋中就有更多叙述屋子顶部和它的各种装饰的辞句。这证明屋顶不但是几千年来广大人民所喜闻乐见的，并且是我们民族所最骄傲的成就。它的发展成为中国建筑中最主要的特征之一。

（七）大胆地用朱红作为大建筑物屋身的主要颜色，用在柱、门窗和墙壁上，并且用彩色绘画图案来装饰木构架的上部结构，如额枋[②]、梁架、柱头和斗拱，无论外部内部都如此。在使用颜色上，中国建筑是世界各种建筑体系中最大胆的。

（八）在木结构建筑中，所有构件交接的部分都大半露出，在它们外表形状上稍稍加工，使成建筑本身的装饰部分。例如：梁头做成“挑尖梁头”或“蚂蚱头”；额枋出头做成“霸王拳”；昂的下端做成“昂嘴”，上端做成“六分头”或“菊花头”；将几层昂的上段固定在一起的横木做成“三福云”等等；或如整组的斗拱和门窗上的刻花图案、门环、角叶，乃至如屋脊、脊吻、瓦当等都属于这一类。它们都是结构部分，经过这样的加工而取得了高度装饰的效果。

（九）在建筑材料中，大量使用有色琉璃砖瓦；尽量利用各色油漆的装饰潜力。木上刻花，石面上作装饰浮雕，砖墙上也加雕刻。这些也都是中国建筑体系的特征。

这一切特点都有一定的风格和手法，匠师们所遵守，为人民所承认，我们可以叫它作中国建筑的“文法”。建筑和语言文字一样，一个民族总是创造出他们世世代代所喜爱，因而沿用的惯例，成了法式。在西方，希腊、罗马体系创造了它们的“五种典范”，成为它们建筑的法式。中国建筑怎样砍割并组织木材成为梁架，成为斗拱，成为一“间”，成为个别建筑物的框架；怎样用举架的公式求得屋顶的曲面和

① 柁：房柁，房架前后两个柱子之间的大横梁。

② 额枋也叫檐坊，是中国古代建筑中柱子上端联络与承重的水平构件，南北朝的石窟建筑中可以看到此种结构，多置于柱顶；隋、唐以后移到柱间，到宋代始称为“阑额”。有些额枋是上下两层重叠的，在上的称为大额枋，在下的称为小额枋。大额枋和小额枋之间夹垫板，称为由额垫板。

曲线轮廓；怎样结束瓦顶；怎样求得台基、台阶、栏杆的比例；怎样切削生硬的结构部分，使同时成为柔和的、曲面的、图案型的装饰物；怎样布置并联系各种不同的个别建筑，组成庭院。这都是我们建筑上两三千年沿用并发展下来的惯例法式。无论每种具体的实物怎样地千变万化，它们都遵循着那些法式。构件与构件之间，构件和它们的加工处理装饰，个别建筑物与个别建筑物之间，都有一定的处理方法和相互关系，所以我们说它是一种建筑上的“文法”。至如梁、柱、枋、檩、门、窗、墙、瓦、槛、阶、栏杆、隔扇、斗拱、正脊、垂脊、正吻、戗兽[①]、正房、厢房、游廊、庭院、夹道等等，那就是我们建筑上的“词汇”，是构成一座或一组建筑的不可少的构件和因素。

这种“文法”有一定的拘束性，但同时也有极大的运用的灵活性，能有多样性的表现。也如同做文章一样，在文法的拘束性之下，仍可以有许多体裁，有多样性的创作，如文章之有诗、词、歌、赋、论著、散文、小说等等。建筑的“文章”也可因不同的命题，有“大文章”或“小品”。“大文章”如宫殿、庙宇等等；“小品”如山亭、水榭、一轩、一楼。文字上有一面横额，一副对子，纯粹作点缀装饰用的。建筑也有类似的东西，如在路的尽头的一座影壁，或横跨街中心的几座牌楼等等。它们之所以都是中国建筑，具有共同的中国建筑的特性和特色，就是因为它们都用中国建筑的“词汇”，遵循着中国建筑的“文法”所组织起来的。运用这“文法”的规则，为了不同的需要，可以用极不相同的“词汇”构成极不相同的体形，表达极不相同的情感，解决极不相同的问题，创造极不相同的类型。

这种“词汇”和“文法”到底是什么呢？归根说来，它们是从世世代代的劳动人民在长期建筑活动的实践中所累积的经验中提炼出来，经过千百年的考验，而普通地受到承认而守的规则和惯例。它是智慧的结晶，是劳动和创造成果的总结。它不是一人一时的创作，它是整个民族和地方的物质和精神条件下的产物。

由这“文法”和“词汇”组织而成的这种建筑形式，既经广大人民所接受，为他们所承认、所喜爱，于是原先虽是从木材结构产生的，它们很快地就越过材料的限制，同样地运用到砖石建筑上去，以表现那些建筑物的性质，表达所要表达的情感。这说明为什么在中国无数的建筑上都常常应用原来用在木材结构上的“词汇”和“文法。这条发展的途径，中国建筑和欧洲希腊、罗马的古典建筑体系，乃至埃及和两河流域的建筑体系是一样的；所不同者，是那些体系很早就舍弃了木材而完全代以砖石为主要材料。在中国，则因很早就创造了先进的科学的梁架结构法，把它发展到高度的艺术和技术水平，所以虽然也发展了砖石建筑，但木框架还同时被

① 戗兽是古代中国建筑戗脊上兽件，用于歇山顶和重檐建筑上。戗兽是兽头形状，将戗脊分为兽前和兽后，兽头前方安放蹲兽，其作用和垂兽相同，起到固定屋脊的作用，同时也有严格的等级限制。

采用为主要结构方法。这样的框架实在为我们的新建筑的发展创造了无比的有利条件。

在这里，我打算提出一个各民族的建筑之间的“可译性”的问题。

如同语言和文学一样，为了同样的需要，为了解决同样的问题，乃至为了表达同样的情感，不同的民族，在不同的时代是可以各自用自己的“词汇”和“文法”来处理它们的。简单的如台基栏杆、台阶等等，所要解决的问题基本上是相同的，但多少民族创造了多少形式不同的台基、栏杆和台阶。例如热河普陀拉的一个窗子，就与无数文艺复兴时代的窗子“内容”完全相同，但是各用不同的“词汇”“文法”，用自己的形式把这样一句“话”“说”出来了。由如天坛皇穹宇与罗马的布拉曼提所设计的圆亭子，虽然大小不同，基本上是同一体裁的“文章”。又如罗马的凯旋门与北京的琉璃牌楼，巴黎的一些纪念柱与我们的华表，都是同一性质，同样处理的市容点缀。这许多例子说明各民族各有自己不同的建筑手法，建造出来各种各类的建筑物，就如同不同的民族有用他们不同的文字所写出来的文学作品和通俗文章一样。

我们若想用我们自己建筑上优良传统来建造适合于今天我们新中国的建筑，我们就必须首先熟悉自己建筑上的“文法”和“词汇”，否则我们是不可能写出一篇中国“文章”的。关于这方面深入一步的学习，我介绍同志们参考清《工部工程做法则例》和宋李明仲①的《营造法式》。关于前书，前中国营造学社②出版的《清式营造则例》可作为一部参考用书。关于后书，我们也可以从营造学社一些研究成果中得到参考的图版。

〔1〕节选自《中国建筑的特征》(长江文艺出版社，2020 年)，引用时略有改动。

| 旁征博引 |

徽派建筑

徽州许多村落有着秀丽的风光，西递、宏村古民居群是徽派建筑的典型代表，其“布局之工，结构之巧，装饰之美，营造之精，文化内涵之深”，为国内古民居建筑群所罕见，是徽派民居中的一颗明珠。

---

① 李诫（？—1110 年），字明仲，郑州管州人（今河南郑州新郑市），北宋著名建筑学家。曾主持修建了开封府廨、太庙及钦慈太后佛寺等大规模建筑，编写了中国第一本详细论述建筑工程做法的著作《营造法式》。

② 私人兴办的研究中国传统营造学的学术团体。学社于 1930 年 2 月在北平正式创立，朱启钤任社长，梁思成、刘敦桢分别担任法式、文献组的主任。学社从事古代建筑实例的调查、研究和测绘，以及文献资料搜集、整理和研究，编辑出版《中国营造学社汇刊》，1946 年停止活动。中国营造学社为中国古代建筑史研究做出了重大贡献。

西递村始建于北宋，迄今已有950多年的历史，整个村落呈船形，四面环山，两条溪流穿村而过，村中街巷沿溪而设，均用青石铺地，整个村落空间自然流畅，动静相宜。因村边有水西流，又因古有递送邮件的驿站，故而得名“西递”，素有“桃花源里人家”之称。

宏村始建于南宋绍熙年间，至今已有800余年。古宏村人规划、建造的牛形村落和人工水系，是当今“建筑史上一大奇观”。宏村紧邻南湖开凿有月塘，与村溪连通。巍峨苍翠的雷岗为牛首，参天古木是牛角，由东而西错落有致的民居群宛如庞大的牛躯。在宏村，步步入景，处处堪画，反映了悠久历史所留下的广博深邃的文化底蕴，宏村被誉为“中国画里的乡村”。

徽派建筑的结构多为多进院落式（小型者多为三合院式），布局以中轴线对称分列，面阔三间，中为厅堂，两侧为室，厅堂前方称“天井”，采光通风，亦有“四水归堂”的吉祥寓意。民居外观整体性和美感很强，高墙封闭，马头翘角者谓之“武”，方正者谓之“文”，墙线错落有致，黑瓦白墙，色彩典雅大方。

徽州建筑布局中天井、庭园和飞翘起的檐角是古代建筑学追求“天人合一”境界的途径。古人认为，堂屋应布置在住宅的主要方位，而厨房则应布置在住宅的次要方位。这对徽州民居的具体影响是，其平面结构呈现出一种序列：（气口）大门—前天井—堂屋—左右厢房—堂屋屏风后楼梯间—厨房—后天井。

1. 房屋朝向

传承数千年的徽派建筑的典型特征，第一个就是方正，体现的是中正平和。我国房屋的朝向多为坐北朝南，徽派建筑也不例外，但徽派建筑大多不会将大门正中开在正南，而是略偏一点，以东南方最多。这样可以更好地纳入春天的东风和夏天的南风。

2. 门楼

徽州建筑大门均配有门楼（规模稍小一些的称为门罩），主要作用是防止雨水顺墙而下溅到门上。门楼是住宅的脸面，成为体现主人地位的标志。门楼为出入之中枢，在徽派建筑文化中，将藏风聚气的概念发挥得淋漓尽致，藏代表内敛、包容和博大精深，聚代表人心凝聚、团结互助。

3. 照壁

中国古代建筑讲究门户不能直接相对，所以大门与院墙门不会相对，以曲折为妙。故云：“水忌直冲，堂忌无余气。”因此在进了院墙门之后，首先要有一个照壁。古人认为，照壁不仅很好地解决了门门相对的问题，同时也具有“挡煞”的作用。

4. 天井

照壁之后是天井。古人认为，水聚多财帛，水有聚气之功，也就是聚财之效。

雨水通过天井四周的水枧流入阴沟，俗称“四水归堂”，意为“肥水不外流”，体现了徽商聚财的思想。

5. 马头墙

徽派建筑中，令人记忆最深的就是错落有致、黑白辉映的马头墙。徽派建筑的山墙因墙顶部分形状酷似马头，故称“马头墙”，又称风火墙、防火墙、封火墙，是徽派建筑的重要特色，使人感觉到一种明朗素雅和层次分明的韵律之美。因为当地大多村落房屋密集，又以木质结构为主，于是便在两山墙的顶部砌筑有高出屋面的马头墙，当邻居发生火灾时可防止火势顺房蔓延，起到隔断火势的作用。

马是升官发财的吉祥瑞兽，有“一马当先”“马上封侯”“马到成功”等成语，于是马头墙的造型又有了文化寓意。马头墙分为金印式和朝笏式，并有两叠、三叠甚至五叠，俗称“五岳朝天”，体现了学优从仕的理想追求。

相关链接

故宫有九千九百九十九间半房屋的传说

相传，当初修建紫禁城的时候，明朝的永乐皇帝朱棣打算把宫殿的总间数定为一万间，可是就在他传下圣旨后的第五天晚上，他突然做了一个梦，梦见玉皇大帝把他召到天宫的凌霄殿。只见那玉皇大帝满脸怒气，朱棣不知道是怎么回事，一问才知道是因为自己要建的这紫禁城的宫殿数一万间与他天宫一万间的数并肩了。于是他说道：“玉帝请息怒，小臣多有冒犯，我这凡间的宫殿数哪能超过您这天宫的呀!”

玉皇大帝听他这么一说，有了笑脸，说道：“这就对了，我赐你一块‘天石’，以镇宫院，你再请七十二地煞、一百只禽兽去保护你这凡间的皇城，这样才能风调雨顺，国泰民安！你可记住?”朱棣连忙谢恩。

朱棣醒后连忙传旨，召刘伯温进宫，把那梦从头至尾说了一遍。刘伯温听了也是一愣：“那玉皇大帝可是惹不得的，还是顺从了他吧！天宫是一万间，咱就建九千九百九十九间半。既不驳玉帝的面子，又不失皇家的壮观气派和天子的尊严!”

不到四年的时间，紫禁城就建成了，刘伯温请朱棣亲自察看。朱棣在宫里转了大半天，心里十分高兴。朱棣忽然想起了梦中玉帝赐的那块镇宫院的“天石”和要请的七十二地煞、一百只禽兽，便问刘伯温都放在什么地方。

“万岁您别忙，臣带您一一看过。”刘伯温说着便把他带到华盖殿（清朝时改名为中和殿）后面的御路上，指着一块长方形的巨大石雕说：“这就是‘天石’，名为‘云龙阶石’，上有九条巨龙，腾跃于流云之间，它是这宫中最大的石雕，有上万斤重!”“好！好!”接着朱棣问，“那七十二地煞呢?”“这您就看不见了，臣把它们派到这宫中下面的七十二条地沟里去了，以防地下的小鬼儿闹事，坏了这宫里的风水!”“派得好!”“您再看那宫殿垂脊上的琉璃饰物，它们是蛟龙、凤凰、狮子、天马、狎鱼、斗牛、獬豸、狻猊。有天上飞的、地上跑的、水里游的，既有祈雨的，又有避邪的。”“不用说，这就是请的百兽了。刘爱卿所办之事，件件应了梦中玉帝说的，朕要重赏你呀!”朱棣最后问道：“这宫里的殿堂是不是九千九百九十九间半?”“正是!”“那半间在何处?”“在后廷西边儿的一间配房里。”“好！好!”

其实宫里的殿堂数并非真的是九千九百九十九间半。原来刘伯温到各地采购木料、石料时，看到老百姓的日子越过越苦，可皇帝却大兴土木，于是有意把设计好的图纸改了，这样一来就少建了几百间，实际建成的是八千多间。他想：“这紫禁城这么大，殿堂到底有多少，谁数得过来呀！我说是多少就是多少了。”于是就向朱棣报了九千九百九十九间半，朱棣信以为真，还重赏了他许多金银。

故宫

从此“紫禁城有房屋九千九百九十九间半”的说法就传开了，那传说中的半间房又在哪里呢？在景运门外箭亭向南，有院墙围着的一座两层的绿色琉璃瓦建筑，那便是清代存放四库全书的文渊阁。就在那阁楼上的西边，有一独特之处，它和一般的楼阁不同，两柱之间不是一丈多的间隔，而是仅有五尺左右的距离，紫禁城的半间就在这里。实际上，目前故宫里殿、宫、堂、楼、斋、轩、阁总的间数是八千七百零七间。

古代交通

传承经典

我国自古以来水陆疆域广大，历代统治者都非常重视交通。交通是关乎国计民生的大事。中华民族的优秀儿女写下了开创水路交通的壮阔历史。

不同的交通工具，要配合不同的运输载体。不同的自然条件，对于交通运载的工具有不同的要求。人类发明车、船等交通工具，运载人和货物，极大地解放了自己，增强了交通能力。不但如此，车要在陆地上运行，还需要对陆地进行整理规划，平整土地、开辟道路，以适合车的行驶；船要在水中航行，也要清理航道，以保障船只航行的可靠性。这些都意味着人类的出行已经脱离纯粹的自然，进入社会发展的领域。

中国石拱桥[1]

茅以升

石拱桥的桥洞成弧形，就像虹。古代神话里说，雨后彩虹是“人间天上的桥”，通过彩虹就能上天。我国的诗人爱把拱桥比作虹，说拱桥是“卧虹”“飞虹”，把水上拱桥形容为“长虹卧波”。

石拱桥在世界桥梁史上出现得比较早。这种桥不但形式优美，而且结构坚固，能几十年几百年甚至上千年雄跨在江河之上，在交通方面发挥作用。

我国的石拱桥有悠久的历史。《水经注》里提到的“旅人桥”，大约建成于公元282年，可能是有记载的最早的石拱桥了。我国的石拱桥几乎到处都有。这些桥大小不一，形式多样，有许多是惊人的杰作。其中最著名的当推河北省赵县的赵州桥，还有北京丰台区的卢沟桥。

赵州桥横跨在洨河上，是世界著名的古代石拱桥，也是造成后一直使用到现在的最古的石桥。这座桥修建于公元605年左右，到现在还保持着原来的雄姿。桥身有些残损了，在人民政府的领导下，经过彻底整修，这座古桥又恢复了青春。

赵州桥非常雄伟，全长50.82米，两端宽9.6米，中部略窄，宽9米。桥的设计完全合乎科学原理，施工技术更是巧妙绝伦。唐朝的张嘉贞说它“制造奇特，人不知其所以为”。这座桥的特点是：一是，全桥只有一个大拱，长达 37.4 米，在当时可算是世界上最长的石拱。桥洞不是普通半圆形，而是像一张弓，因而大拱上面的道路没有陡坡，便于车马上下。二是，大拱的两肩上，各有两个小拱。这是创造性的设计，不但节约了石料，减轻了桥身的重量，而且在河水暴涨的时候，还可以增加桥洞的过水量，减轻洪水对桥身的冲击。同时，拱上加拱，桥身也更美观。三是，大拱由 28 道拱圈拼成，就像这么多同样形状的弓合拢在一起，作成了一个弧形的桥洞。每道拱圈都能独立支撑上面的重量，一道坏了，其他各道不致受到影响。四是，全桥结构匀称，和四周景色配合得十分和谐；桥上的石栏石板也雕刻得古朴美观。唐朝的张鷟说，远望这座桥就像“初月出云，长虹饮涧”。赵州桥高度的技术水平和不朽的艺术价值，充分显示出了我国劳动人民的智慧和力量。桥的主要设计者李春是一位杰出的工匠，在桥头的碑文里刻着他的名字。

赵州桥

永定河上的卢沟桥，修建于 1189—1192 年。桥长 265 米，由 11 个半圆形的石拱组成，每个石拱长度不一，自 16 米到 21.6 米。桥宽约 8 米，路面平坦，几乎与河面平行。每两个石拱之间有石砌桥墩，把 11 个石拱联成一个整体。由于各拱相联，所以这种桥叫作联拱石桥。永定河发水时，来势很猛，以前两岸河堤常被冲毁，但是这座桥却极少出事，足见它的坚固。桥面用石板铺砌，两旁有石栏石柱。每个柱头上都雕刻着不同姿态的狮子。这些石刻狮子，有的母子相抱，有的交头接耳，有的像倾听水声，有的像注视行人，千态万状，惟妙惟肖。

早在 13 世纪，卢沟桥就闻名世界。意大利人马可·波罗在他的游记里，十分推崇这座桥，说它“是世界上独一无二的”，并且特别欣赏桥栏柱上刻的狮子，说它们

“共同构成美丽的奇观”。在国内，这座桥也是历来为人们所称赞的。它地处入都要道，而且建筑优美，“卢沟晓月”很早就成为北京的胜景之一。

卢沟桥

卢沟桥在我国人民反抗帝国主义侵略战争的历史上，具有重要的纪念意义。1937 年，日本发动卢沟桥事变，揭开了中华民族全面抗战的序幕。全国人民在中国共产党领导下英勇抗战，终于彻底打败了日本帝国主义。

为什么我国的石拱桥会有这样光辉的成就呢？首先，在于我国劳动人民的勤劳和智慧。他们制作石料的工艺极其精巧，能把石料切成整块大石碑，又能把石块雕刻成各种形象。在建筑技术上有很多创造，在起重吊装方面更有意想不到的办法。如福建漳州的江东桥，修建于八百年前，有的石梁一块就有二百来吨重，究竟是怎样安装上去的，至今还不完全知道。其次，我国石拱桥的设计有优良传统，建成的桥，用料省，结构巧，强度高。再其次，我国富有建筑用的各种石料，便于就地取材，这也为修造石桥提供了有利条件。

两千年来，我国修建了无数的石拱桥。新中国成立后，全国大规模兴建起各种形式的公路桥和铁路桥。其中就有不少石拱桥。1961 年，云南省建成了一座世界最长的独拱石桥，名叫“长虹大桥”，石拱长达 112.5 米。在传统的石拱桥的基础上，我们还造了大量的钢筋混凝土拱桥，其中“双曲拱桥”是我国劳动人民的新创造，是世界上所仅有的。全国造了总长二十余万米的这种拱桥，其中最大的一孔，长达 150 米。我国桥梁事业的飞跃发展，表明了我国社会主义制度的优越性。

〔1〕节选自《中国石拱桥》（长江文艺出版社，2018 年），引用时略有改动。

旁征博引

交通工具发展的三个时期

1. 古代时期

最原始的交通工具是人的双脚，然后人类驯服一些动物如马、驴等作为乘坐工具或乘坐工具的动力（如马车）。与此同时，轿子和以风作为动力的帆船也作为一种交通工具与畜力交通工具长期并存。

以人力、畜力和风力作为动力的交通工具占据了人类历史的绝大部分时间。

2. 蒸汽和内燃机时期

蒸汽动力时期为英国产业革命时期，有代表性的交通工具为蒸汽火车、蒸汽轮船等，现在已经基本被淘汰。

柴油机、汽油机等均为内燃机时期的产物，交通工具主要为汽车、摩托车、拖拉机等，现在大部分的机动车辆都是采用内燃机。

3. 电气自动化时期

电磁感应定律、电与磁之间的相互转化为电动车的发展奠定了理论基础。电动机、发电机等均为这阶段的基础设备。

电动车的发明及迅速商品化使其成为上述产品的升级换代产品。

相关链接

我国第一条自建铁路

1877 年，为了解决轮船招商局和北洋舰队的用煤问题，在唐山开平建煤矿，唐山距天津 120 千米，运输很麻烦，而且运费也高。如果用火车运煤，既可以减少运输上的麻烦，还可以降低成本。但因资金不足，拟先筑唐山至胥各庄一段铁路。李鸿章同意这一计划，于 1879 年向清政府奏准，并派英国工程师金达督修。但顽固派借口铁路奔驰会“震动陵寝”而大加反对，第一次筑路尝试就此失败。李鸿章再次奏请修建运煤轻便铁路，并为此积极斡旋，最后，清政府在极度不愿意的情况下允许筑路。于是，筑路工程于 1881 年初动工，11 月工程竣工，约 7.5 千米。开始时为免于震动陵寝，用骡马牵引火车。次年，改用机车牵引。这就是我国第一条自建铁路——唐胥铁路。

本章总结

课程思政

古建保护有了新思路

2020 年 9 月，《北京历史文化名城保护条例》（修订）公开征求意见，《条例》鼓励在不损坏遗产价值的前提下，通过多种形式实现对历史建筑的合理利用。历史建筑可以转让、出租，可以在符合保护规划、正面清单、风貌保护以及结构、消防等专业管理要求的前提下，依法优化其使用功能。在满足保护要求的前提下，还鼓励名镇、名村和传统村落发展多样化特色产业，允许企业和个人开展与传统文化相协调的经营活动，让村民共享保护红利。

历史建筑可以转让、出租，这是一个非常值得重视的思路转变。

长期以来，我国古建筑单纯强调保护，对合理利用重视不够，因此在古建筑保护中以政府投入为主。但政府的财政投入是有限的，对于那些历史文化积淀深厚的城市而言，古建筑少则数百，多则上千，如果所有古建筑都要财政投资来维护和修缮，对财政压力巨大。实际上，只能是重点拨款、重点保护，对于状态危急的古建筑临时拨款。但即使这样，很多地区的古建筑依然面临年久失修的问题。而且，任何建筑如果长期无人居住，都必然损毁，损毁的速度远超人们的想象。这就导致修缮的频率会随着古建筑存世时间的延长越来越快，对财政的压力也越来越大。从长远看，反而不利于古建筑的保护。

近年来，我国古村古建筑保护在探索中取得了新的经验，涌现出众多成功的典型，如乌镇模式、松阳模式、丽江模式等。通过把古建筑转让、出租，使承租人负担起日常的维护维修的责任，很多本已经颓弃、即将湮灭的古建筑、古村落焕发出新的生机。特别是通过整体规划开发，古村的环境大为改观，居住生活条件明显改善，古建筑外表依然古朴。有的地区，比如乌镇和丽江，通过保护，开发出大量旅游资源，成为热门旅游目的地，吸引了大量游客，既解决了古建保护的资金问题，也为当地居民创造了可观的收入，为扶贫开发做出了贡献。

我国古村古建分布极广，几乎每个省份都有罕为人知的古村和古建，特别是在那些以往交通不便的地区，很多古村几乎完整保留了下来。不论从历史价值、人文价值，还是从旅游价值来看，都是非常宝贵的资源。

进入新时代，人民群众对美好生活的向往越来越强烈，特别渴望重返自然、重返乡村，此时如果能够把古村保护开发利用起来，一方面能满足群众旅游休闲的需求，另一方面能解决古建保护的资金问题，一举两得。

以往因为政策原因，古建筑是不能出租、转让的，即使年久失修、倒塌损毁也只能眼睁睁看着而不能让人住进去。现在随着思路的转变，我国古村古建的保护迎来了新的转机。可以肯定，会有越来越多的投资涌向古村古建，特别是那些具备独特建筑风格和人文资源、具备鲜明自然风光禀赋的古村落将成为投资开发的热土。

实践证明，保护和利用并不矛盾，保护给利用创造了条件，利用为保护提供了资源，二者可以相互促进、并行不悖。

资料来源：张贺．古建保护有了新思路. 人民日报，2020-10-06.

平语近人

要想富，先修路。农村没有路，致富有难度。“四好农村路”是习近平总书记亲自总结提出、领导推动的一项重要民生工程、民心工程、德政工程。

2014 年元旦前夕，云南省贡山独龙族怒族自治县干部群众致信习近平总书记，重点报告了高黎贡山独龙江公路隧道即将贯通的喜讯。收到来信后，习近平总书记立即作出重要批示，向独龙族的乡亲们表示祝贺，对独龙江公路隧道贯通后帮助独龙族同胞“与全国其他兄弟民族一道过上小康生活”寄予了很高期望。

同年 3 月 4 日，习近平总书记在关于农村公路发展的报告上批示强调，特别是在一些贫困地区，改一条溜索、修一段公路就能给群众打开一扇脱贫致富的大门。

——节选自《让农民致富奔小康的道路越走越宽广——党的十八大以来以习近平同志为核心的党中央关心农村公路发展纪实》（新华社，北京，2018 年 2 月 4 日）

综合实践活动

探寻家乡的古建筑

主题：探寻家乡的古建筑。

要求：邀请三五个伙伴，一起寻访自己家乡的古建筑、古遗存，了解、记录属于它们的故事。

总结：制成 PPT，和同学们一起分享。

第五章 民间节俗

中国传统节日沉淀了千百年的传统文化，每一个节日都有它的历史渊源、美妙传说、独特风情和深厚广泛的民众基础。传统节日习俗反映了中华民族的传统习惯、道德风尚和价值观念，寄托了人们对生活的美好愿望和憧憬，具有很强的内聚力和广泛的包容性。本章将带你走进中国传统节日，饱享文化的饕餮盛宴：一个个传统佳节的起源演变、一则则神奇浪漫的节日传说、一篇篇脍炙人口的典故趣闻、一幅幅风情万种的民俗场景、一首首朗朗上口的经典诗词……感受独特魅力，领略民族精神。

新春佳节

传承经典

“新年到，真热闹，大红灯笼墙头挂，倒贴的福字门上挂，爆竹声声震大地，绚丽的烟花冲云霄，小朋友穿着新衣蹦蹦跳，大人们看着孩子乐呵呵。”百节年为首，春节是中华民族最隆重的传统佳节。

过　年[1]

老舍

早起拉开窗帘举目望去，一夜之间，外面已成了银装素裹的世界。今年冬天雪下得少，似乎缺了一点气氛。这场雪的到来，提示着人们，年已经不远了。是啊，又要过年了，甚至能看到被大雪压弯的树枝也在抖动着春的喜悦。

过年，在感觉中已经有些遥远，甚至没有太多的期盼。在繁忙的都市里，在行色匆匆的人群中，年味越来越淡，有的时候马上过年了，才想起来。最令自己怀念的，还是小时候过的年，虽然那是些久远的回忆，但一切又都是那样鲜活。

我的老家在农村。一到腊月，年的气氛就浓起来了。在村里的供销社，购年货的人络绎不绝。那些传统的年画给我留下了深刻的印象，现在想起来是依然漂亮，那厚厚的纸，散发着油墨的芳香，在幼小的心灵里，已经把它当作是年的象征。

北方的腊八，是一年中最冷的时候。它的特殊意义在于向年又近了一步。每天天没亮就会醒来，一想到要过年了，兴奋得睡不着。

村里的老人们开始对小孩子们说：“小孩小孩你别馋，过了腊八就过年。小孩小孩你别哭，过了腊八就杀猪。”孩子们嬉笑着、欢呼着，跑走了。那个时候，并不是所有的人家都能杀得起年猪。而杀了猪的人家都要安排一顿饭，招待一下村邻亲戚。我们这些小孩子吃不多少肉，就是图个热闹，屋里屋处地乱窜。

那个年月伙食很差，平时就是苞米面饼子、小米饭，连面食也吃不到。所以过年对于我们小孩子来说那是个解馋的好机会。除夕的前几天，母亲便开始忙着蒸年糕、蒸馒头，前一天才会用大锅烀肉。我则站在锅台边，紧紧地盯着锅，闻着那飘出的香气，不知不觉着唾液已经流了下来。母亲在旁边看了，便会掀开锅盖，用筷子扎出一小块肉放在碗里，我伸手就拿，顾不上烫嘴，狠狠地咬下去。

我喜欢啃冻梨，吃时发出的“沙沙”声，那白白的梨肉带来的酸甜，总让我回味不尽。当然，也只有过年时才能买梨吃。

有一件小事很是难忘：那次母亲买来了冻梨，放在了储存杂物的仓子里。我便偷偷地盯着她，直到她进了屋子。我一溜小跑来到门前，小心翼翼地打开仓门，钻了进去，把关好门，掏了一个梨子就啃。不一会儿母亲进来取东西，一下子看到了我，我竟然有些不好意思，她却笑了笑，拍了拍我的头，没有说什么。吃晚饭的时候，弟弟还在问母亲：“梨什么时候买啊？”我在心里说：哈，我已经先尝到了。

对联也是过年不可缺少的重要物品。那时候的对联和现在不同，都是买来大红纸请人手写的。父亲的书法很好，是我们村里知名的先生，所以到我家来求父亲写对联的人都排成了队，过年的这两天是父亲最忙碌的时候。我在旁边看着那黑亮亮的毛笔字写在红纸上，有说不出的羡慕。当红红的对联贴到墙上门上，那个喜庆啊，年的气氛立刻就出来了。

小时候的我喜欢穿新衣服。除夕的头天晚上我会把新衣服拿出来，翻过来掉过去地看，想象着明天就要穿上了，那个高兴啊。一年到头能穿新衣服的时候是很少的，一般都要到过年。睡前早早地把小脚洗干净，把新鞋、新袜摆在枕边看着，后来就睡着了。有时会做梦，虽然不知道自己当时的表情，但小脸上肯定带着甜甜笑意。

除夕也叫年三十，家家张灯结彩，人人喜气洋洋。在那个年月，恐怕只有在过年的时候才能看到大伙的脸上洋溢的笑容。除夕一大早，我就被鞭炮声从睡梦中惊醒。父亲也会在我们的耳边说：“快起床吧，过年了，早点放鞭炮。”我们便一咕噜地爬起来，穿好新衣服、新鞋，跑到外面放鞭炮。然后等待我们的便是饭桌上香喷喷的饺子了。

我们北方过年的高潮是除夕之夜，最重要的活动叫发纸，一般都是在子时，也就是二十三点到凌晨一点。传说那时候南天门会打开，天上的神仙会鱼贯地下到人间，所以各家有供奉神灵的，都要出去“请”。当然，也有的人说，相当有“福气”的人会看到南天门开，那样的人以后一定会享受荣华富贵，只是没有人能证实罢了。

在欢笑声中白天很快就过去了。夜色渐浓，万家灯火在冬夜里跳动着，映衬着白白的雪，描绘成乡村最美丽的夜晚。除夕的夜充满了祥和与神秘。在人们的眼里，从这里仿佛能看到美好的明天。

在发纸前父亲总是提前把鞭炮拴在一根大杆子上，靠在墙角就等着放了。十点左右，周围的村子就开始发纸了。鞭炮声此起彼伏，响个不停，火光将天边都映得发亮。十一点半了，父亲便把我们几个都叫出去，开始忙活，有的点鞭炮，有的点一堆火，母亲则在屋里做饭。篝光燃起，鞭炮声也响彻夜空。火光映着红红的笑脸，我们围着火堆跳着，叫着，跑着，那一刻，感觉自己是世界上最幸福的人。

三十的晚上是要吃年夜饭的。全家人坐在一起，团团圆圆地吃着饭，说说话，其乐融融。这时吃的饺子都是肉馅的，还会在里面放一枚硬币，谁要是吃到的话那就预示着一年将有好运相伴。小时候，一次哥哥给我夹了一个饺子，我便边吃边玩，大伙也吃得热火朝天，可是盘子都见底了也没吃到硬币，最后在我的小屁股下面发现了它。

年夜饭后有“守岁”之说，所谓“一夜连双岁，五更分二年”，据说要是能一夜不睡的话，一年之中头脑都清醒。我们几个小伙伴打着灯笼，出去玩，到别人家的院子里拣落在地上的鞭炮，有的回来之后还可以放。当然，如果玩累了，随便到哪家，都会好吃好喝地招待我们。

难忘的年夜总是过得很快。天亮了，村边响起了欢快的锣鼓声，原来是大秧歌开始拜年了。人们相互拜年，串门，整个小村又在年的气氛中沸腾起来。

时隔多年，一些往事都已淡忘，但儿时过年的情景却永远地留在了心中。

〔1〕节选自《老舍散文精选》（长江文艺出版社，2017 年），引用时略有改动。

| 旁征博引 |

春节传统习俗

1. 贴对联

大年三十中午吃完饭后，家家户户开始熬糨糊，为贴对联做准备。人们先撕去旧春联，然后分工合作：孩子们递糨糊，大人用刷子把糨糊刷到门框两边，每到此时大人都会对孩子们进行一个小小的考验：区分上下联。每当孩子们拿错的时候，大人总会不厌其烦地告诉孩子们：“错了，错了，你看这副联的最后一个字是什么？三四声，是上联；一二声，是下联。慢点、慢点，不着急。”“快看，看我拿对了吗？”“这次对了，真棒！”……到处充满了人们的欢声笑语。

2. 架年火

贴完对联之后，邻居们结伴上山打柏树枝和松树枝，大人们用锯子锯下，孩子们争先恐后地把树枝归类、整理，再寻一些玉米棒和易燃的干柴，一层一层架起来，呈尖塔形，中间插上一根柏树枝或松树枝，远看就像一棵柏树栽在院中。

3. 吃饺子

除夕夜，大人们包饺子，边包边聊着明年的计划、今年的趣事。而小孩，不会包饺子也爱到厨房转转，为的就是能在第一时间吃到饺子。小孩们在大锅冒出的热腾腾的蒸汽里跑进跑出，不时去看看锅里的饺子，会忍不住想吃。

此时长辈开始烧香祭祖，听到“饺子好了”时，先舀出一碗，敬奉缅怀先人。然后，小辈们端起饺子，鼻翼轻轻翕动，感受热腾腾的香味；用勺子舀起一个圆润可爱的饺子，一口咬下去，香喷喷的，虽有些许的烫，但那馅香在舌尖的时候，心里更是暖乎乎的。此时的饺子是不能全部吃完的，要剩几个留着大年初一吃，这叫“年年有余”。

4. 点年火

从正月初一零点开始，正式进入春节。起床之后，先朝门外扔几个“开门炮”后再出门，然后再烧香放鞭炮祭神。祭祀的同时要点旺火，“旺火”又称“年火”“烧年柴”，象征着来年生活像火一样旺盛。点年火就是在点燃新一年的希望。

烧年柴过后，孩子们要围在年火周围烧馍馍，传说大年初一吃了在年火上烤的馍馍这一年都不会肚子疼。

5. 拜年

在有的地方，正月初一这一天，孩子们会一起来到爷爷奶奶面前，恭恭敬敬地向他们拜年磕头，祝愿爷爷奶奶身体健康、长命百岁。爷爷奶奶则将事先准备的压岁钱开心地放到孩子们手里，期盼小辈们可以平平安安地度过一岁。拜年之后，人们要穿上崭新漂亮的衣服，打扮得整整齐齐，出门去走亲访友，相互拜年，恭祝来年大吉大利。

相关链接

春节的传说

相传中国古时候有一种叫"年"的怪兽，长着青面獠牙、尖角利爪，凶恶无比。年兽长年深居山中，每到除夕便下山吞食牲畜、伤害人命。因此，到了除夕，家家户户都离家躲避年兽的伤害，把这称为"过年"。

某年除夕，从村外来了个乞讨的老人。人们忙着封窗锁门、收拾行装，到处是一片匆忙恐慌的景象，没有人关心这乞讨的老人。只有村东头一位老妇包了饺子请老人吃，劝他快上山躲避年兽。为了报答老妇的好心，老人告诉她，年兽最怕红色、火光和炸响，要她穿红衣，在门上张贴红纸，点上红烛，在院内燃烧竹子发出炸响。于是家家户户都这样做。

半夜时分，年兽闯进村，发现村中灯火通明，它的双眼被刺眼的红色逼得睁不开，又听到有人家传来响亮的爆竹声，于是年兽浑身战栗着逃走了。从此人们知道了赶走年兽的方法，每年除夕家家贴红对联、燃放爆竹；户户烛火通明、守更待岁。初一一大早，还要走亲串友道喜问好，恭贺对方躲过了年兽。后来这风俗越传越广，春节成了中国民间最隆重的传统节日。

春节是中国最盛大、最热闹、最重要的一个传统节日，也是中国人所独有的节日，是中华民俗的集中表现。自西汉以来，春节的习俗一直延续到今天。

春景清明

传承经典

“清明时节雨纷纷，路上行人欲断魂。借问酒家何处有？牧童遥指杏花村。”说起清明，很多人都会吟诵起杜牧的《清明》。这首脍炙人口的诗描绘出了春暖花开又斜雨袭人的清明节，人们无言奔走，追思祭奠逝去亲人的场景。这一天不仅是传承孝道、扫墓祭祖的肃穆节日，也是人们亲近自然、踏青游玩、享受春天乐趣的节日。这就是公历 4 月 5 日前后的中国传统节日——清明节。

清　明[1]

丰子恺

清明例行扫墓。扫墓照理是悲哀的事。所以古人说：“鸦啼雀噪昏乔木，清明寒食谁家哭。”又说：“佳节清明桃李笑，野田荒冢只生愁。”然而在我幼时，清明扫墓是一件无上的乐事。人们借佛游春，我们是“借墓游春”。

清明三天，我们每天都去上坟。第一天，寒食，下午上“杨庄坟”。杨庄坟离镇五六里路，水路不通，必须步行。老幼都不去，我七八岁就参加。茂生大伯挑了一担祭品走在前面，大家跟他走，一路上采桃花，偷新蚕豆，不亦乐乎。

到了坟上，大家息足，茂生大伯到附近农家去，借一只桌子和两只条凳来，于是陈设祭品，依次跪拜。拜过之后，自由玩耍。有的吃甜麦塌饼，有的吃粽子，有的拔蚕豆梗来作笛子。蚕豆梗是方形的，在上面摘几个洞，作为笛孔。然后再摘一段豌豆梗来，装在这笛的一端，笛便做成。指按笛孔，口吹豌豆梗，发音竟也悠扬可听。可惜这种笛寿命不长。拿回家里，第二天就枯干，吹不响了。

祭扫完毕，茂生大伯去还桌子凳子，照例送两个甜麦塌饼和一串粽子，作为酬谢。然后诸人一同在夕阳中回去。杨庄坟上只有一株大松树，临着一个池塘。父亲说这叫作“美人照镜”。现在，几十年不去，不知美人是否还在照镜。闭上眼睛，情景宛在目前。

正清明那天，上“大家坟”。这就是去上同族公共的祖坟。坟共有五六处，须用两只船，整整上一天。同族共有五家，轮流作主。白天上坟，晚上吃上坟酒。这笔费用由祭田开销。祖宗们心计长，恐怕子孙不肖，上不起坟，叫他们变成饿鬼，因此特置几亩祭田，租给农民。轮到谁家主持上坟，由谁家收租。雇船办酒之外，费用总有余裕。因此大家高兴作主。而小孩子尤其高兴，因为可以整天在乡下游玩，在草地上吃午饭。

船里烧出来的饭菜，滋味特别好。因为，据老人们说，家里有灶君菩萨，把饭菜的好滋味先尝了去；而船里没有灶君菩萨，所以船里烧出来的饭菜滋味特别好。

孩子们还有一件乐事，是抢鸡蛋吃。每到一个坟上，除对祖宗的一桌祭品以外，必定还有一只小匾，内设小鱼、小肉、鸡蛋、酒和香烛，是请土地爷爷吃的，叫作拜坟墓土地。孩子们中，谁先向坟墓土地叩头，谁先抢得鸡蛋。我难得抢到，觉得这鸡蛋的确比平常的好吃。

第三天，上“私房坟”。我家的私房坟，又称为旗杆坟。去上的就是我们一家人，父母和我们姐弟数人。吃了早中饭，雇一只客船，慢吞吞地荡去。水路五六里，不久就到。

祭扫期间，附近三竺庵里的和尚来问讯，送我们些春笋。我们也到这庵里去玩，看见竹林很大，身入其中，不见天日。我们终年住在那市井尘嚣中的低小狭窄的百年老屋里，一朝来到乡村田野，感觉异常新鲜，心情特别快适，好似遨游五湖四海。因此我们把清明扫墓当作无上的乐事。

丰子恺《踏青挑菜》

〔1〕节选自《丰子恺散文》（人民文学出版社，2013 年），引用时略有改动。

旁征博引

清明节传统习俗

1. 戴柳插柳

清明节植树的习俗，发端于清明戴柳插柳的风俗。是什么原因使得平凡的柳条有了如此非同寻常的意义？有三种传说。最古老的传说，是说为了纪念教民稼穑耕作的祖师——神农氏，后来由此发展出祈求长寿的意蕴。稍晚点的传说与介子推有关。更晚点的传说是唐太宗赐给大臣柳圈，以示赐福驱疫。这三种说法有一点是相通的，那就是都相信柳枝可以避邪。

2. 扫墓祭祀

清明节扫墓祭祀活动各地风俗不同。以山西为例，山西南部多数地方清明节上坟不燃香、不化纸，要将冥钱等物悬挂坟头，有“清明坟头一片白”的说法。原因是寒食节习惯禁火，而清明节又在寒食节期间。山西北部如大同等地习惯白日上坟，晚上将冥钱等物全部烧尽。山西西北的河曲等地，旧俗上坟要带酒肴，祭毕祖先，便在坟地里饮食，寓意与先人共饮共食。山西中部的介休等地，上坟时供品为面饼，形如盘蛇，回家后将面饼放在院里，晒干以后再吃。这大概是出于寒食禁火的缘故。

3. 清明节美食

以山西为例，清明节要蒸大馍，中夹核桃、红枣、豆子之类，称为子福。取意子孙多福，全凭祖宗保佑。家家还要做黑豆凉粉，切薄块灌汤而食。晋东南地区，人人头上插柳枝枯叶。妇女要用描金彩胜（头饰）贴在两鬓。晋北地区，习惯生黑豆芽，并用玉米面包黑豆芽馅食用。晋西北地区讲究用黍米磨面制作饼，俗称“摊黄儿”。

4. 其他活动

清明节期间，春回大地，自然界到处呈现一派生机勃勃的景象，正是郊游踏青的大好时光。除此之外，古代还盛行斗鸡游戏、蹴鞠比赛以及荡秋千、放风筝等活动。这些活动不仅可以增进健康，还可以培养人们之间的感情。

相关链接

介子推与清明节

相传春秋战国时代，晋献公的妃子骊姬为了让自己的儿子奚齐继位，就设毒计谋害太子申生，申生被逼自杀。申生的弟弟重耳，为了躲避祸害，流亡出走。在流亡期间，重耳历尽艰辛。原来跟着他一道出奔的臣子，陆陆续续地各奔出路去了，只剩下少数几个忠心耿耿的，一直追随着他。其中一人叫介子推，有一次，重耳饿晕了过去，介子推为了救重耳，从自己腿上割下了一块肉，用火烤熟了给重耳吃。十九年后，重耳回国做了君主，就是“春秋五霸”之一的晋文公。

晋文公执政后，对那些和他同甘共苦的臣子大加封赏，唯独忘了介子推。有人在晋文公面前为介子推叫屈。晋文公猛然忆起旧事，心中有愧，马上差人去请介子推上朝受赏封官。可是，差人去了几趟，介子推一直不肯来，晋文公只好亲自去请。当晋文公来到介子推家时，只见大门紧闭。介子推不愿见他，已经背着老母躲进了绵山（今山西介休市东南）。晋文公便让侍从上绵山搜索，仍没有找到。有人出主意放火烧山，三面点火，留下一面，逼介子推自己走出来。晋文公接受了这个建议，孰料大火烧了三天三夜，直到大火熄灭，也不见介子推出来。晋文公上山一看，介子推母子俩抱着一棵烧焦的大柳树已经死了。晋文公望着介子推的尸体哭拜一阵，然后将其安葬。在介子推丧生的这棵大柳树的树洞里，晋文公发现了一片衣襟，上面题了一首血诗：

割肉奉君尽丹心，但愿主公常清明。
柳下作鬼终不见，强似伴君作谏臣。
倘若主公心有我，忆我之时常自省。
臣在九泉心无愧，勤政清明复清明。

为了纪念介子推，晋文公下令把绵山改为“介山”，在山上建立祠堂，并把放火烧山的这一天定为寒食节，晓谕全国：每年这天禁忌烟火，只吃寒食。

走时，他伐了一段烧焦的柳木，回到宫中做了双木屐，每天望着它叹道：“悲哉足下。”“足下”是古人下级对上级或同辈之间表示尊敬的称呼，该词据说就是来源于此。

第二年，晋文公领着群臣，素服徒步登山祭奠，表示哀悼。行至坟前，只见那棵老柳树死而复活，绿枝千条，随风飘舞。晋文公望着复活的老柳树，像看见了介子推一样，他敬重地走到跟前，掐了一枝，编了一个圈儿戴在头上。祭扫后，晋文公把复活的老柳树赐名为“清明柳”，又把这天定为清明节。

后来，晋文公常把血书带在身边，作为鞭策自己执政的座右铭。他勤政清明，励精图治，把国家治理得很好。晋国的百姓得以安居乐业，并对有功不居、不图富贵的介子推非常怀念。每逢他的忌日，大家禁止烟火来表示纪念，还用面粉和着枣泥，捏成燕子的模样，用杨柳条串起来，插在门上，形象地叫“之推燕”（介子推亦作介之推）。此后，寒食、清明成了全国百姓的隆重节日。每逢寒食，人们即不生火做饭，只吃冷食。在北方，老百姓只吃事先做好的冷食如枣饼、麦糕等；在南方，则多为青团和糯米糖藕。每届清明，人们把柳条编成圈儿戴在头上，把柳条枝插在房前屋后，以示怀念。

阳盛端午

传承经典

“五月五，端午到，家家门上插艾蒿，驱虫辟邪最重要，五色八锁儿身上绕，娘大给孩带香囊，旮旯旮旯抹雄黄，软米粽、江米粽，除了吃还互相送，炸油糕、煮麻糖，街坊邻居都尝一尝，吃饱喝足一拨来手，去看丹河赛龙舟。”这一天就是中国民间的传统节日——农历五月初五端午节。

端午的鸭蛋[1]

汪曾祺

家乡的端午，很多风俗和外地一样。系百索子。五色的丝线拧成小绳，系在手腕上。丝线是掉色的，洗脸时沾了水，手腕上就印得红一道绿一道的。做香角子。丝丝缠成小粽子，里头装了香面，一个一个串起来，挂在帐钩上。贴五毒。红纸剪成五毒，贴在门槛上。贴符。这符是城隍庙送来的。城隍庙的老道士还是我的寄名干爹，他每年端午节前就派小道士送符来，还有两把小纸扇。符送来了，就贴在堂屋的门楣上。一尺来长的黄色、蓝色的纸条，上面用朱笔画些莫名其妙的道道，这就能避邪吗？喝雄黄酒。用酒和的雄黄在孩子的额头上画一个王字，这是很多地方都有的。有一个风俗不知别处有不：放黄烟子。黄烟子是大小如北方的麻雷子的炮仗，只是里面灌的不是硝药，而是雄黄。点着后不响，只是冒出一股黄烟，能冒好一会。把点着的黄烟子丢在橱柜下面，说是可以熏五毒。小孩子点了黄烟子，常把它的一头抵在板壁上写虎字。写黄烟虎字笔画不能断，所以我们那里的孩子都会写草书的“一笔虎”。还有一个风俗，是端午节的午饭要吃“十二红”，就是十二道红颜色的菜。十二红里我只记得有炒红苋菜、油爆虾、咸鸭蛋，其余的都记不清，数不出了。也许十二红只是一个名目，不一定真凑足十二样。不过午饭的菜都是红的，这一点是我没有记错的，而且，苋菜、虾、鸭蛋，一定是有的。这三样，在我的家乡，都不贵，多数人家是吃得起的。

我的家乡是水乡。出鸭。高邮大麻鸭是著名的鸭种。鸭多，鸭蛋也多。高邮人也善于腌鸭蛋。高邮咸鸭蛋于是出了名。我在苏南、浙江，每逢有人问起我的籍贯，回答之后，对方就会肃然起敬："哦！你们那里出咸鸭蛋！"上海的卖腌腊的店铺里也卖咸鸭蛋，必用纸条特别标明："高邮咸蛋"。高邮还出双黄鸭蛋。别处鸭蛋也偶有双黄的，但不如高邮的多，可以成批输出。双黄鸭蛋味道其实无特别处。还不就是个鸭蛋！只是切开之后，里面圆圆的两个黄，使人惊奇不已。我对异乡人称道高邮鸭蛋，是不大高兴的，好像我们那穷地方就出鸭蛋似的！不过高邮的咸鸭蛋，确实是好，我走的地方不少，所食鸭蛋多矣，但和我家乡的完全不能相比！曾经沧海难为水，他乡咸鸭蛋，我实在瞧不上。袁枚的《随园食单·小菜单》有"腌蛋"一条。袁子才这个人我不喜欢，他的《食单》好些菜的做法是听来的，他自己并不会做菜。但是"腌蛋"这一条我看后却觉得很亲切，而且"与有荣焉"。文不长，录如下：

> 腌蛋以高邮为佳，颜色细而油多，高文端公最喜食之。席间，先夹取以敬客，放盘中。总宜切开带壳，黄白兼用；不可存黄去白，使味不全，油亦走散。

高邮咸蛋的特点是质细而油多。蛋白柔嫩，不似别处的发干、发粉，入口如嚼石灰。油多尤为别处所不及。鸭蛋的吃法，如袁子才所说，带壳切开，是一种，那是席间待客的办法。平常食用，一般都是敲破"空头"用筷子挖着吃。筷子头一扎下去，吱——红油就冒出来了。高邮咸蛋的黄是通红的。苏北有一道名菜，叫作"朱砂豆腐"，就是用高邮鸭蛋黄炒的豆腐。我在北京吃的咸鸭蛋，蛋黄是浅黄色的，这叫什么咸鸭蛋呢！

端午节，我们那里的孩子兴挂"鸭蛋络子"。头一天，就由姑姑或姐姐用彩色丝线打好了络子。端午一早，鸭蛋煮熟了，由孩子自己去挑一个，鸭蛋有什么可挑的呢？有！一要挑淡青壳的。鸭蛋壳有白的和淡青的两种。二要挑形状好看的。别说鸭蛋都是一样的，细看却不同。有的样子蠢，有的秀气。挑好了，装在络子里，挂在大襟的纽扣上。这有什么好看呢？然而它是孩子心爱的饰物。鸭蛋络子挂了多半天，什么时候孩子一高兴，就把络子里的鸭蛋掏出来，吃了。端午的鸭蛋，新腌不久，只有一点淡淡的咸味，白嘴吃也可以。

孩子吃鸭蛋是很小心的。除了敲去空头，不把蛋壳碰破。蛋黄蛋白吃光了，用清水把鸭蛋壳里面洗净，晚上捉了萤火虫来，装在蛋壳里，空头的地方糊一层薄罗。萤火虫在鸭蛋壳里一闪一闪地亮，好看极了！

小时读囊萤映雪故事，觉得东晋的车胤用练囊盛了几十只萤火虫，照了读书，还不如用鸭蛋壳来装萤火虫。不过用萤火虫照亮来读书，而且一夜读到天亮，这能行吗？车胤读的是手写的卷子，字大，若是读现在的新五号字，大概是不行的。

〔1〕节选自《汪曾祺全集》(人民文学出版社，2019年)，引用时略有改动。

端午节传统习俗

1. 戴五色线

五色线，由象征五方五行的青、红、白、黑、黄五种颜色的线编制而成。应劭的《风俗通》记载：“五月五日，以五彩丝系臂，辟兵及鬼，令人不病瘟。”一名长命缕，一名续命缕，一名辟兵缯，一名五色缕，一名朱索。在端午节清晨，各家大人起床后第一件大事便是在孩子的手腕、脚腕、脖子上拴五色线。系线时，忌儿童开口说话。五色线不可随意毁断或丢弃，只能在夏季第一场大雨或第一次洗澡后抛到河里。据说，戴五色线的儿童可以避开蛇蝎类毒虫的伤害，扔到河里意味着让河水将瘟疫、疾病冲走，儿童由此可以保安康。

2. 插艾叶

端午到、插艾蒿。艾蒿味辣，是一种芳香化浊的药物，具有杀虫和防治植物病害的功效。蚊子、苍蝇往往避其味而远逃。端午节，家家户户要在门上插一束艾蒿。有的地方习惯将艾蒿编成人形，悬于门楣，称为艾人；或将艾蒿编成虎形，悬于门首，称为艾虎。一些靠河水草盛的地方，习惯在门上插菖蒲。

艾叶和菖蒲都是中草药，有消毒、驱虫的功效。端午节的时候，人们还会制作成香包给小孩子们戴。香包里的艾叶、白芷和其他香草药一起散发出好闻的味道，大概就是“端午的味道”吧。

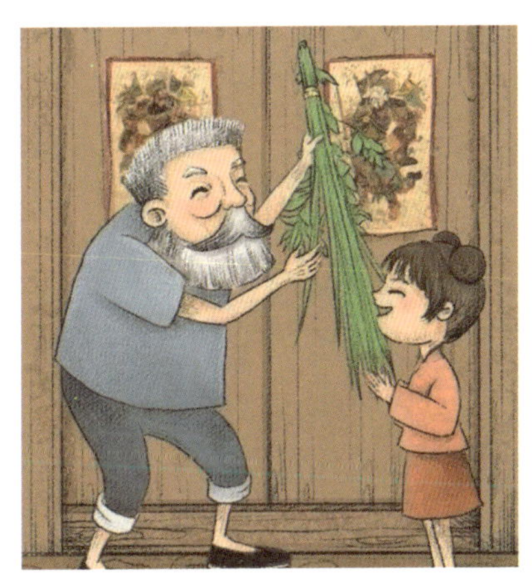

3. 饮雄黄酒

饮雄黄酒，也是端午节民间的重要习俗，主要用于防病和祛毒。中药典籍记载，“五月五日饮菖蒲、雄黄酒，可除百疾而禁百虫”。雄黄是一种中药材，具有解毒、杀菌、辟邪之功效。菖蒲亦为药材，有镇静、安神之功能，并具芳香气味，可做香料。在端午节前，人们要用菖蒲根和雄黄泡酒，以备节日饮用。

4. 吃粽子

粽子，又叫“角黍”“筒粽”，最初用作祭祖及神灵。东晋范注《祠制》说“仲夏荐角黍”，说明当时有夏至以角黍祭祀祖先神灵的习俗。角黍，即角形的粽子。所谓“角”，是指古代祭祀时最高级的供品——牛，粽子的形状代表牛角；“黍”就是一种黄黏米。用谷物制成的角黍代表“阳”；包角黍用的“菰叶”（粽叶）为“阴”，阴阳结合，有驱邪纳福、祈求平安的意思。

人们习惯在端午节的头一天包粽子。传统粽子以黍米为馅，佐以红枣，外包芦叶，吃时拌糖；现在亦有配以各种豆类、麦类以及江米为馅的，佐料加柿饼、栗子、果脯、肉类等，口味更是甜、咸、辣味皆有，形状也有角、锥、筒形等。有的地区则要将粽子用五色线捆绕，其用意都是辟邪。一些地方习惯在端午节太阳未升起时，将特定形式和数目的粽子投山或置水以纪念屈原。

粽子的寓意，除了纪念屈原，也有“人丁兴旺”之意。“粽子”是“众子”的谐音，人们会互赠九子粽，寓意求子。九子粽是粽子的一种，即为九只粽连成一串，有大有小，大的在上，小的在下，形状各异，并用九种颜色的线扎成，五彩缤纷，非常好看。九子粽大多是作为馈赠亲友的礼物，如母亲送给出嫁的女儿、婆婆送给新婚儿媳妇等。

粽子还有“高中功名”之意。因为“粽”和“中”音近，取“功名得中”之意，在古时寓意文士考中功名。古代科举考试通常都在秋天，因此在端午节时，想考取功名中第的人吃粽子有祈求高中之意。

相关链接

端午诗词鉴赏

端午

李隆基

端午临中夏，时清日复长。

盐梅已佐鼎，曲糵且传觞。

事古人留迹，年深缕积长。

当轩知槿茂，向水觉芦香。

亿兆同归寿，群公共保昌。

忠贞如不替，贻厥后昆芳。

《端午》是唐玄宗李隆基端午时所作，主要表达了三重思想感情：第一层，因节日的美好感到心情愉悦，人们用盐佐食梅子，饮酒欢乐，看到庭院里的木槿生长茂盛，水边的芦苇散发清香。第二层，诗人作为一位帝王，希望能够招揽贤才，“盐梅已佐鼎”中的“盐梅”不仅指能够调味的佐料，还暗指能够辅佐君王的贤才。第三层是帝王对于百姓幸福安康、国家昌盛的美好祝愿。

浣溪沙·端午

苏轼

轻汗微微透碧纨，明朝端午浴芳兰。流香涨腻满晴川。

彩线轻缠红玉臂，小符斜挂绿云鬟。佳人相见一千年。

《浣溪沙·端午》是北宋文学家苏轼所创作的一首词。这首词主要描写妇女欢度端午佳节的情景。上片描述她们在节日前进行的各种准备，下片刻画她们按照民间风俗，彩线缠玉臂，小符挂云鬟，互致节日的祝贺。全词采用对偶句式，从中能依稀看到一直尽职尽忠地陪伴在词人左右的侍妾朝云的影子。

小重山·端午

舒頔

碧艾香蒲处处忙。谁家儿共女，庆端阳。细缠五色臂丝长。空惆怅，谁复吊沅湘。

往事莫论量。千年忠义气，日星光。离骚读罢总堪伤。无人解，树转午阴凉。

《小重山·端午》是元代文学家舒頔（dí）所作的一首小令。此词以端午节为载体，从眼前所见的荆楚端午风俗写起，描画出一幅热闹繁忙的景象。同时，作者运用对比手法，对世人忙于节日的喜庆，却淡忘端午节浓厚的历史内涵的现实发出慨叹，表达了作者对爱国诗人屈原的深切怀念，抒发了自己不为世俗理解的孤寂落寞之情。

中秋月夕

传承经典

“中庭地白树栖鸦，冷露无声湿桂花。今夜月明人尽望，不知秋思落谁家。”农历八月十五，是人人皆知的中秋节。那天，大人们走亲访友，谈天说地，夜晚全家围坐在饭桌旁，脸上写满了幸福。饭后，每人拿起一块月饼，津津有味地吃着，欣赏着嵌在天幕中的玉盘似的明月。

妈妈的月饼[1]

肖复兴

中秋节又快到了，月饼蠢蠢欲动，又开始纷纷招摇上市。北京现在卖的月饼花样翻新，但南风北渐，大多是广式或苏式，以前老北京人专门买的京式月饼中，只剩下了自来红、自来白，冷落在柜台的角落里，有一种叫作翻毛月饼的，更是已经多年不见踪影。

翻毛月饼类似现在的苏式酥皮月饼，但那只是形似而并非神似。赵珩先生在《老饕漫笔》一书中，专门有对它的描述：“其大小如现在的玫瑰饼，周身通白，层层起酥，薄如粉笺，细如绵纸，从外到内可以完全剥离开来，松软无比，决无起酥不透的硬结。馅子是枣泥的，炒得丝毫没有煳味儿，且甜淡相宜。翻毛月饼的皮子是淡而无味的，但与枣泥馅子同嚼，枣香与面香混为一体，糯软香甜至极。它虽属酥皮点心一类，但上下皆无烘烤过的痕迹。”

这是我迄今看到过的对翻毛月饼最为细致而生动的描述了，最初看到这段文字时，立刻回到当年中秋节吃翻毛月饼的情景。印象最深的是，那时候父亲一只手托着翻毛月饼，另一只手放在这只手的下面，双层保险，为的是不小心从上面那只手中掉下的月饼皮，好让下面这只手接着，当然，这可以见那时老辈人的小心节省，也足可见那时翻毛月饼的皮是何等的细、薄、脆，就如同含羞草一样，稍稍一动，全身就簌簌往下掉皮。赵先生说的“薄如粉笺，细如绵纸”，真的一点不假。

只有曾经吃过翻毛月饼的人，才会体味得到赵先生所说的皮子的特点，这是区别于苏式月饼最重要之处。苏式月饼的皮子也起酥，但那皮子是浸了油的，是加了甜味儿的。翻毛月饼的皮子没有油，也不加糖，吃起来绝不油腻，入口即化，而且有一种任何馅也压不过的月饼本身最重要的原料——面粉的原来味道，这是来自田间的味道，是月饼最初的本色，现在的月饼做得越来越花哨、越来越昂贵，已经离本色越来越远。由于皮子没有油，翻毛月饼放几天再吃，皮照样酥，苏式月饼就不行，放几天，皮就硬了。翻毛月饼皮子到底是怎样做的，充满谜一样的迷惑和诱惑，只献身，不现形，英雄莫问来处似的，只把余味留下，便潇洒而去。好多年不见翻毛月饼卖了，也不知道现在这手艺传下来没有？

〔1〕节选自《肖复兴散文精选集》（作家出版社，2021 年），引用时略有改动。

旁征博引

中秋节传统习俗

民间中秋赏月约始于魏晋时期。每逢中秋，人们便摆出果品，把酒问月，庆贺美好的生活，祝福亲人。中秋赏月的风俗在唐代极盛，许多诗人的名篇中都有咏月的诗句，宋代、明代、清代宫廷和民间的拜月赏月活动更具规模。我国各地至今遗存着许多“拜月坛”“拜月亭”“望月楼”等古迹。拜月后全家人围桌而坐，边吃边谈，共赏明月。

《礼记》中就记载有“秋暮夕月”，即祭拜月神。按照习俗，每逢中秋之夜，当皎洁的月亮冉冉升起时，要举行祭祀月神的活动。八月十五这天晚上，人们在月下摆好桌子，置好月饼、水果和毛豆角（毛豆角是让月中兔子吃的），烧香祭祀月神。

家庭祭月一般由当家主妇主持，主妇祭拜完毕，全家人依次跪拜，然后由主妇按全家人数平均切开月饼，还要留一份月饼祭拜灶王爷。祭月后，全家人共吃月饼、水果，饮桂花酒，赏月。

相关链接

嫦娥奔月

远古时候天上有十日同时出现，晒得庄稼枯死，民不聊生。一个名叫后羿的英雄，力大无穷，他同情受苦的百姓，便拉开神弓，一口气射下九个太阳，并严令最后一个太阳按时起落，为民造福。后羿除传艺狩猎外，终日和妻子嫦娥在一起。不少人慕名前来投师学艺，心术不正的逄蒙也混了进来。

一天，后羿到昆仑山访友求道，向王母求得一包不死药。据说，服下此药，能即刻升天成仙。然而，后羿舍不得撇下妻子，暂时把不死药交给嫦娥珍藏。嫦娥将药藏进梳妆台的百宝匣。三天后，后羿率众徒外出狩猎，心怀鬼胎的逢蒙假装生病，没有外出。待后羿率众人走后不久，逢蒙持剑闯入内宅，威逼嫦娥交出不死药。嫦娥知道自己不是逢蒙的对手，危急之时她转身打开百宝匣，拿出不死药一口吞了下去。嫦娥吞下药后，身子立时飘离地面、冲出窗口，向天上飞去。由于嫦娥牵挂着丈夫，便飞落到离人间最近的月亮上成了仙。

傍晚，后羿回到家，侍女们哭诉了白天发生的事。后羿既惊又怒，抽剑要去杀恶徒，而逢蒙早已逃走。后羿气得捶胸顿足，悲恸欲绝，仰望着夜空呼唤嫦娥。这时他发现，当晚的月亮格外皎洁明亮，而且有个晃动的身影酷似嫦娥。后羿思念妻子，便在嫦娥喜爱的后花园里摆上香案，放上嫦娥平时爱吃的蜜食鲜果，遥祭在月宫里的嫦娥。百姓们闻知嫦娥奔月成仙的消息后，纷纷在月下摆设香案，向善良的嫦娥祈求吉祥平安。从此，中秋节拜月的风俗在民间传开。

吴刚伐桂

传说很久以前，咸宁发了一场瘟疫，用各种偏方都不见效果，已差不多有三分之一的人死亡。当地有一个叫吴刚的小伙子，勇敢、忠厚、孝顺，母亲病得卧床不起，他每天上山采药救母。一天，观音东游归来，正赶回西天过中秋佳节，见吴刚在峭壁上采药，深受感动，便在晚上托梦给他，说月宫中有一种叫木樨的树，也叫桂花树，开着金黄色的小花，用它泡水喝，可以治这种瘟疫；挂榜山上到八月十五有天梯可以到月宫摘桂花。吴刚历尽千辛万苦，终于在八月十五晚上登上了挂榜山顶，赶上了通向月宫的天梯。八月正是桂花飘香的时节，吴刚顺着香气来到桂花树下，看着金灿灿的桂花，总想多摘一点回去救母亲、救乡亲，可摘多了又拿不了，他便想出了一个办法。他摇动着桂花树，让桂花纷纷飘落，掉到了挂榜山下的河中。顿时，河面清香扑鼻，河水被染成了金黄色。人们喝着这河水，疫病全都好了。这天晚上正是天宫的神仙们八月十五大集会，桂花的香气冲到天宫，惊动了神仙们，玉帝派差官调查。差官到月宫一看，见月宫神树、镇宫之宝桂花树上的桂花全部没有了，都落到了人间的河里，就报告给了玉帝。玉帝一听大怒，于是派天兵天将将吴刚抓来。

吴刚被抓来后，把当晚发生的事一五一十地对玉帝说了。玉帝听完很敬佩这个年轻人，可吴刚毕竟是犯了天规，必须惩罚他。玉帝问吴刚有什么要求，吴刚说他想把桂花树带到人间去救苦救难。玉帝想出一个主意，说："只要你把桂花树砍倒，你就拿去吧。"于是吴刚找来大斧砍起来，想快速砍倒大树。谁知，玉帝施了法术，砍一刀长一刀，吴刚就这样长年累月地砍树，砍了几千年也砍不倒。由于思乡思母心切，吴刚在每年的中秋之夜都丢下一枝桂花到挂榜山上，以寄托思乡之情。年复一年，挂榜山上长满了桂花树，乡亲们用桂花泡水喝，咸宁再也没有发过瘟疫。

重阳踏秋

传承经典

“九月里，九月九，爬山登高饮菊酒，戴上茱萸避邪恶，吃了花糕多长寿。”重阳节在每年的农历九月初九，是中国的传统节日。古时候在重阳节这一天大家都会呼朋伴友，或登高祈福，或秋游赏菊，还会在身上佩插茱萸、吃重阳糕、饮菊花酒。现在，又添加了敬老的内涵，人们会在重阳这一天陪家人出游赏秋，登高远望，感恩敬老。于是，登高赏秋与感恩敬老便成为当今重阳节日活动的两大重要主题。

九月九庙会[1]

季羡林

每年到了旧历九月初九日，是所谓重阳节，是登高的好日子。这个节日来源很古，可能已有几千年的历史。济南的重阳节庙会（实际上是并没有庙，姑妄随俗称之）是在南圩子门外大片空地上，西边一直到山水沟。每年，进入夏历九月不久，就有从全省一些地方，甚至全国一些地方来的艺人会聚此地，有马戏团、杂技团、地方剧团、变戏法的、练武术的、说山东快书的、玩猴的、耍狗熊的等等等等，应有尽有。他们各圈地搭席棚围起来，留一出入口，卖门票收钱。规模大小不同，席棚也就有大有小，总数至少有几十座。在夜里有没有“夜深千帐灯”的气派，我没有看到过，不敢瞎说，反正白天看上去，方圆几十里，颇有点动人的气势。再加上临时赶来的卖米粉、炸丸子和豆腐脑等的担子，卖花生和糖果的摊子，特别显眼的柿子摊——柿子是南山特产，个大色黄，非常吸引人——这一切混合起来，形成了一种人声嘈杂，歌吹沸天的气势，仿佛能南摇千佛山、北震大明湖、声撼济南城了。

我们的学校，同庙会仅一墙（圩子墙）之隔，会上的声音依稀可闻。我们这些顽皮的孩子能安心上课吗？即使勉强坐在那里，也是身在课堂心在会。因此，一有机会，我们就溜出学校，又嫌走圩子门太远，便就近爬过圩子墙，飞奔到庙会上，一睹为快。席棚很多，我们先拣大的去看。我们谁身上也没有一文钱，门票买不起。好在我们都是三块豆腐干高的小孩子，混在购票观众中挤进去，也并不难。进去以后，就成了我们的天地，不管耍的是什么，我们总要看个够。看完了，走出来，再钻另外一个棚，几乎没有钻不进去的。实在钻不进去，就绕棚一周，看看哪一个地方有小洞，我们就透过小洞往里面看，也要看个够。在十几天的庙会中，我们钻遍了大大小小的棚，对整个庙会一览无余，一文钱也没有掏过。可是，对那些卖吃食的摊子和担子，则没有法钻空子，只好口流涎水，望望然而去之。虽然不无遗憾，也只能忍气吞声了。

〔1〕节选自《季羡林经典文集》（武汉出版社，2014年），引用时略有改动。

旁征博引

重阳节传统习俗

重阳节是中国传统节日，自古有出游赏秋、登高远眺、观赏菊花、遍插茱萸、吃重阳糕、饮菊花酒的习俗。早在战国时期重阳节就已经形成了，到了唐代被正式定为民间的节日，此后历朝历代沿袭至今。

1. 登高

《易经》中把“九”定为阳数，九月九日，日月并阳，两九相重，故而叫“重阳”。传说古人崇拜山神，认为山神能使人免除灾害，所以人们在“阳极必变”的重阳日子里，要上山游玩，躲避灾祸。而且此时秋收已经完毕，农事相对比较空闲，山野里的野果、药材之类又正是成熟的季节，所以农民纷纷上山采集野果和药材。久而久之便形成了登高的习俗。

2. 赏菊

菊花是象征高洁之花，重阳节正是菊花盛开之际。据传，赏菊及饮菊花酒，起源于晋朝田园诗人陶渊明。陶渊明以隐居出名，以诗出名，以酒出名，也以爱菊出名，后人效仿，遂有重阳赏菊之风俗。尤其是文人雅士，将赏菊与宴饮结合。

3. 佩茱萸

茱萸是一种常绿带香的植物，可以杀虫消毒、逐寒祛风。重阳节插茱萸的风俗，在唐朝就已经很普遍。重阳这一天，人们采摘茱萸的枝叶和果实，放在用红布缝制成的小囊里，佩戴在身上，认为这样可以避难消灾。事实上，重阳前后，秋雨潮湿，而热气也未退尽，衣物容易生霉，也易滋生蚊虫，而茱萸可以除虫防蛀，这与端午节燃艾的作用差不多。

相关链接

重阳节的来历

很久以前，有一个叫桓景的农夫，他身高八尺，皮肤黝黑，强壮有力。桓景生活在风景秀丽的汝南县，那里的人们日出而作、日落而息，生活平静而幸福。

天有不测风云。农历九月初九这天，人们照常在地里干活。突然狂风大作，大片乌云遮住了太阳，汝河上卷起了七八米高的巨浪。一只怪兽从巨浪中蹿了出来。它比房子还高，浑身又脏又臭。这是一只瘟魔，所到之处草木皆枯萎。瘟魔张开血盆大口，向村庄呼呼吐着黑气，黑气笼罩了整个村庄，可怜的村民们闻了气味后，害了瘟疫，纷纷病倒了，有的甚至失去了生命。从那以后，每年的九月初九，瘟魔都会冲进村子，让人们感染瘟疫。桓景很痛心，下定决心要除掉瘟魔。

桓景听说东南山住着一位叫费长房的神仙，他神通广大，身怀百般武艺，尤其是那套降妖青龙剑法，十分厉害，可以把可恶的瘟魔杀死。于是，桓景背上行囊，出发前往东南山。

东南山路途遥远，桓景翻过了座座高山，跨过了条条大河，躲过了豺狼虎豹，草鞋都磨破了十几双，终于来到了东南山脚下。只见这里云雾茫茫，树木葱葱，上山的路有无数条。“我该去哪里找那位神仙呢？”桓景有点不知所措。正当他发愁时，一只雪白的仙鹤突然出现在面前。这只仙鹤冲他点点头，桓景不明白是什么意思，也向仙鹤点点头。谁知仙鹤忽然飞到几米外的石头上，又对着桓景点点头，桓景赶紧跑到仙鹤面前，仙鹤又飞走了，停在不远处的树丛里。桓景明白了，仙鹤是在给他带路呢，就赶紧跟了上去。就这样，从清晨一直走到太阳落山，仙鹤终于停住了脚步。桓景喘了一口气，抬头看去，只见不远处有一座古庙，庙门口写着“费长房仙居”几个大字。

桓景惊喜万分，快步走到门前，轻轻敲了敲门：“请问，费长房仙人在吗？”没有人回应。“费长房仙人，您在吗？”还是没有人回答。“仙人，瘟魔害得我们全村人活不下去了，我特来向您学本领，请收下我吧！”说完，桓景跪在仙居门前，磕头不止。

第二天，太阳慢慢出来了，可仙人还是没有出来。桓景想：“仙人一定在考验我，我要坚持住！”就这样，他跪了整整三天三夜。第四天清晨，“吱呀”一声，庙门突然打开了，只见一位仙气飘飘的老人走到他面前说：“我看你一心想为民除害，就收下你这个徒弟吧。”

老人一挥衣袖，手里多了把锋利的宝剑，剑长约三尺，剑身薄如纸片，剑柄雕着一条龙。“徒儿，从今天开始，我教你降妖青龙剑法。”从此，桓景每天跟着费长房刻苦练功，一招一式都要练习上百遍、上千遍，再苦再难也没有放弃。

不知不觉两年过去了。费长房对桓景说：“徒儿，明天就是九月初九，瘟魔又要出来害人了。如今，你的剑法练得也差不多了，快回去帮助村民们吧！”他又拿出一个包裹：“这里有茱萸叶子和菊花酒，你拿回去分给大家。记住，要登到高处才能避祸。”

桓景骑着仙鹤飞回了汝南县，乡亲们高兴地欢呼起来：“太好了，桓景回来了！”桓景把村民们召集在一起：“乡亲们，你们每人拿一片茱萸叶子，喝一口菊花酒，瘟魔就不敢靠近你们了。”桓景带着大伙儿登上了东边的高山，为战斗做好了准备。

中午时分，狂风四起，天昏地暗，汝河开始怒吼，瘟魔浮出水面，踏进村庄。瘟魔抬头看见人们聚在高山上，气冲冲地蹿到山下。人们纷纷将茱萸扔向瘟魔，瘟魔停住了脚步，大声咳嗽：“什么东西，呛死我了！”瘟魔用脏兮兮的爪子捂住鼻子，歪歪倒倒地向后退。

趁着瘟魔头昏脑涨之时，桓景一跃而起，拔出青龙剑向它刺去。瘟魔一个转身躲开了，怒吼着向桓景扑去。桓景不慌不忙，舞起降妖青龙剑法，宝剑形成一个巨大的白色光圈，闪得瘟魔睁不开眼。桓景扬起宝剑，左右挥舞，逼得瘟魔连连后退。

瘟魔见打不过桓景，拔腿就跑。“嗖”的一声，桓景将青龙剑抛出。宝剑闪着寒光向瘟魔追去，如同一道闪电，刺中瘟魔的心脏。瘟魔“嗷嗷嗷”地叫了几声，重重摔倒在地上，不动了。村民们在山上欢呼起来：“瘟魔死啦！瘟魔被桓景杀死了！”

从此以后，人们就把九月初九这一天登高避祸的习俗一代代传到现在，还把这天定为一个美好的节日——重阳节。在这一天，全家佩茱萸，赏菊花，登高远望。

本章总结

课程思政

国旗半垂　举国同悲

2020 年 4 月 4 日，庚子年清明节，全国各地各族人民深切悼念抗击新冠肺炎疫情斗争牺牲烈士和逝世同胞。

习近平、李克强、栗战书、汪洋、王沪宁、赵乐际、韩正、王岐山等党和国家领导人在首都北京参加悼念。

新冠肺炎疫情是新中国成立以来在我国发生的传播速度最快、感染范围最广、防控难度最大的一次重大突发公共卫生事件。在抗击疫情的严峻斗争中，一批医务人员、干部职工、社区工作者因公殉职，许多患者不幸罹难。

当天，北京天安门、新华门和全国人大常委会、国务院、全国政协、中央军事委员会、最高人民法院、最高人民检察院所在地，全国和驻外使领馆下半旗志哀，全国停止公共娱乐活动，以表达全国各族人民对抗击新冠肺炎疫情斗争牺牲烈士和逝世同胞的深切哀悼。

中南海怀仁堂前气氛庄严肃穆，门楣上悬挂着黑底白字横幅“深切悼念新冠肺炎疫情牺牲烈士和逝世同胞”。习近平等佩戴白花，来到这里，神情凝重面向国旗肃立。

10 时整，防空警报鸣响，习近平等向新冠肺炎疫情牺牲烈士和逝世同胞默哀。

3 分钟，180 秒，哀思充满心间。

英雄的祖国，英雄的人民，书写了人类历史上可歌可泣的抗疫篇章。

3 分钟，180 秒，警报响彻神州。

这场新冠肺炎疫情防控斗争是中华民族伟大复兴历史征程中又一次前所未有的考验。

这一刻，全国各地，人们静立垂首、万分悲痛。汽车、火车、舰船鸣笛声声、久久回荡。

英雄走好！今天，大江南北，长城内外，国家以最高的祭奠向英雄哀悼，人民以最深的怀念为英雄送行。

逝者安息！今天，江水呜咽，山川悲鸣，祖国母亲肝肠寸断，亿万同胞泪飞如雨。

互联网上、朋友圈中，人们自发参与哀悼活动，追思之情绵绵不绝。

举国哀悼，是对逝者的尊重与缅怀，也是对生命的关爱与珍视。

一位武汉市民说，我们不会忘记那些逝去的生命，从悲痛中重振，就是对他们最好的告慰。

一位援鄂医疗队的“90后”党员说，在磨难中成长、从磨难中奋起，这就是我们从这场战“疫”中汲取的力量。

慎终追远，这庄严肃穆的仪式，寄托着血浓于水的同胞之情，也昭示着慨然前行的奋发之志。

逝者安息、生者奋进！

中共中央政治局委员、中央书记处书记，全国人大常委会副委员长，国务委员，最高人民法院院长，最高人民检察院检察长，全国政协副主席，以及中央军委委员就近在工作地点参加哀悼活动。

全国各地各族干部群众，香港特别行政区同胞、澳门特别行政区同胞、台湾同胞、海外侨胞以不同形式参加悼念活动。

资料来源：全国各地各族人民深切悼念抗击新冠肺炎疫情斗争牺牲烈士和逝世同胞. 新华每日电讯，2020-04-05.

平语近人

同志们，朋友们：

在农历庚子鼠年春节即将到来之际，我们在这里欢聚一堂、辞旧迎新、同贺新春，感到格外高兴。

首先，我代表党中央和国务院，向大家致以节日的美好祝福！向全国各族人民，向香港特别行政区同胞、澳门特别行政区同胞、台湾同胞和海外侨胞拜年！祝大家鼠年大吉、万事如意！

天道酬勤，力耕不欺。过去的一年，我们栉风沐雨、朝乾夕惕，坚定不移沿着新时代中国特色社会主义大道阔步前进。我们坚持稳中求进工作总基调，深入推进改革开放，着力推动高质量发展，经济运行保持在合理区间，三大攻坚战取得关键进展，科技创新捷报频传，脱贫攻坚成效显著，民生事业加快发展，国防和军队改革扎实推进，全方位外交成果丰硕，全面建成小康社会取得新的重大进展。我们召开党的十九届四中全会，对坚持和发展中国特色社会主义制度、推进国家治理体系和治理能力现代化作出全面部署。我们隆重庆祝澳门回归祖国20周年，坚决维护香港、澳门繁荣稳定。

特别是我们隆重庆祝中华人民共和国成立70周年，举行气势恢宏、气氛热烈的庆祝活动和盛大阅兵，14亿护旗手唱响了礼赞新中国、奋斗新时代的昂扬旋律，极大振奋了民族精神，激发起团结奋进的磅礴力量。

我们在全党开展“不忘初心、牢记使命”主题教育，坚定不移把党的自我革命推向深入，督促9000多万名共产党员时刻牢记，人民是历史的创造者，人民是我们力量的源泉，要始终以百姓心为心，始终与人民同呼吸、共命运、心连心。

同志们、朋友们！

在中华文化里，鼠乃十二生肖之首，进入鼠年就代表着开始新一轮生肖纪年，也寓意着新的开端。

奋斗创造历史，实干成就未来。新的一年，我们要决胜全面建成小康社会、决战脱贫攻坚，实现第一个百年奋斗目标，中华民族千百年来“民亦劳止，汔可小康”的憧憬将变为现实。这在实现中华民族伟大复兴的历史进程中具有里程碑意义。我们要以新时代中国特色社会主义思想为指导，全面贯彻党的十九大和十九届二中、三中、四中全会精神，紧扣全面建成小康社会目标任务，统筹推进“五位一体”总体布局，协调推进“四个全面”战略布局，全面贯彻新发展理念，全面做好稳增长、促改革、调结构、惠民生、防风险、保稳定工作，高质量打赢脱贫攻坚战，确保全面建成小康社会圆满收官，得到人民认可、经得起历史检验。

同志们、朋友们！

我在今年的新年贺词中说，只争朝夕，不负韶华。这首先要从中华民族大历史的角度来理解。中华民族有着5000多年的文明历史，在几千年的历史进程中为人类文明进步作出了不可磨灭的贡献。但是，近代以后，中华民族被各种内忧外患耽误的时间太久了，因此中国人民始终有着超乎寻常的紧迫感、时代感。回顾历史，鸦片战争以后，中华民族用110年的时间实现了民族独立和人民解放，用70年的时间迎来了从站起来、富起来到强起来的伟大飞跃，用40多年的时间实现了综合国力、人民生活水平和国际影响力的大幅跃升。

从现在起到本世纪中叶，我们也进行了战略谋划，将分步实现全面建成小康社会、基本实现社会主义现代化，最终建成富强民主文明和谐美丽的社会主义现代化强国。这将是中国人民和中华民族奋进新时代、书写中华文明新的辉煌篇章的伟大时代！中国人民的每一分子，中华民族的每一分子，都应该为处在这样一个伟大时代感到骄傲、感到自豪！我们要坚持战略方向、保持战略定力，继续团结一心、艰苦奋斗，风雨无阻向前进！

时间不等人！历史不等人！时间属于奋进者！历史属于奋进者！为了实现中华民族伟大复兴的中国梦，我们必须同时间赛跑、同历史并进。全党全军全国各族人民要在中国共产党坚强领导下，不忘初心、牢记使命，不畏风浪、直面挑战，以时不我待的奋进姿态，继续向着实现中华民族伟大复兴的光辉目标进发，继续向着推动构建人类命运共同体的美好前景进发，继续在人类的伟大时间历史中创造中华民族的伟大历史时间！

谢谢大家。

——习近平在2020年春节团拜会上的讲话（2020年1月23日）

综合实践活动

九九重阳节　浓浓敬老情

主题：尊承传统，温暖重阳。

要求：在重阳节到来之际，在老师的带领下，走进养老院或独居老人家中，开展慰问活动。活动中，同学们可以和老人促膝长谈，也可以帮助老人剪指甲、理头发、洗衣服等。

总结：写一篇不少于800字的活动总结。

第六章 古代科技

科技是科学技术的简称。通常，我们把关于自然现象和自然规律的知识体系称为科学，它是人类探索和研究宇宙万物变化规律的知识体系的总称，主要包括数学、物理、化学、天文学、地理学、农学、医学等学科。技术是人类为了满足自身需要，在遵循自然规律的基础上，在长期利用和改造自然规律的过程中，积累起来的经验、知识和技巧，可以理解为关于工具和方法的知识，有建筑、冶金、纺织、造纸、印刷等门类。

中国古代科技有着辉煌的成就。英国著名科学技术史专家李约瑟曾说过："我们必须记住，在早些时候，在中世纪时代，中国在几乎所有的科学技术领域内，从制图学到化学炸药都遥遥领先于西方。"

天文历法

传承经典

天文学是研究宇宙空间天体、宇宙的结构和发展的学科，内容包括天体的构造、性质和运行规律等。天文学是一门古老的科学，自有人类文明史以来，人们就一直在探索和研究天文规律。中国古代天文学十分发达，取得了很高的成就，并得到了广泛的应用。这些成就和应用主要体现在对天象的记录、对天体的测量和历法的编制及应用上。

历法编制

我国古代天文学的成就主要体现在历法上。历法是根据天象变化规律，计量时间间隔、判断气候变化、预示季节来临的法则，内容包括年、月、日的概念和节气的安排等。

人们根据地球自转而产生的昼夜交替现象，形成了“日”的概念；根据月亮绕地球公转而产生的朔望现象，形成了“月”的概念；根据地球绕太阳公转而产生的四季交替现象，形成了“年”的概念。“年”“月”“日”这三个概念所产生的依据是互相独立的。

根据精确测定，地球绕太阳公转一周的时间约为 365.2422 平太阳日，这叫一个回归年。而从一次新月到接连发生的下一次新月的时间间隔为 29.5306 平太阳日，这叫一个朔望月。以回归年为单位，在一年中安排多少个整数月，在一个月中又安排多少个整数天的方法，以及怎样选取一年的起算点的方法称为历法。历法的复杂性全在于回归年和朔望月这两个周期和“日”之间不是整数倍的关系，且它们两者之间也不是整数倍关系，所以总是顾此失彼，不能同时协调。

出于上述原因，历法一般分为三类：太阴历、太阳历和阴阳历。以朔望月作为确定历月的基础，一年为 12 个历月的历法称为太阴历，简称阴历；以回归年作为确定历年的基础，一年分为 12 个月（和朔望月无关）的历法称为太阳历，简称阳历；兼顾朔望月和回归年的历法称为阴阳历。

在清朝末期启用西历（公历）之前，中国历史上一共产生过 102 部历法，这些历法中有的曾经对中国文化与文明产生过重大影响，比如夏历、殷历、周历、西汉太初历、南朝大明历、唐朝大衍历、元朝授时历等。

干支历

据史料记载，我国古代历法的开端是一万年前氏族时期的干支历。“甲、乙、丙、丁、戊、己、庚、辛、壬、癸”称为十天干，“子、丑、寅、卯、辰、巳、午、未、申、酉、戌、亥”称为十二地支。天干的单数配地支的单数，天干的双数配地支的双数，从甲子开始，到癸亥结束，六十为一甲子，周而复始。

考古发现，至少从殷商开始，古人就用干支来纪日。春秋战国时开始采用十二地支纪月，最晚在西汉时开始采用十二地支纪时，西汉末期开始用干支来纪年，唐朝以后用干支纪月，北宋开始用干支纪时。至此，年、月、日、时分别都以干支注记，这就是干支历（甲子历），是阳历的一种。

在河南安阳殷墟出土的几块甲骨上，整整齐齐地刻着六十干支，这些甲骨没有灼痕，不是占卜用的，后人推测它们在殷商时期可能起着日历的作用，是专门用来纪日的。殷代历法以干支纪日、以月亮的月相变化纪月、以太阳的周年运动纪年，是一种阴阳干支合历：每年分为春、秋，大月三十天，小月二十九天；闰月置于年末，称为“十三月”。

汉历

汉历是中国传统历法之一，也被称为“农历”“黄历”“夏历”等。汉历属于阴阳历，一方面以月球绕地球运行一周为一“月”，平均月长度等于“朔望月”，这一点和阴历的规则相同；另一方面设置“闰月”使每年的平均长度尽可能接近回归年，同时设置二十四节气以反映季节的变化特征，因此汉历集阴、阳两历的特点于一身。至今华人世界以及朝鲜、韩国和越南等国家，仍旧使用汉历推算传统节日，如春节、中秋节、端午节等。

| 旁征博引 |

二十四节气

我国古代是传统的农业社会，为了让历法能够配合自然季节，古人通过观察太阳周年运动，认知一年中时令、气候、物候等方面的变化规律，创造出二十四节气来指导传统农业生产和日常生活，是中国传统历法体系的重要组成部分。在国际气象界，这一时间认知体系被誉为“中国的第五大发明”。

节气的名称最早出现在殷商时期，最早一批出现的节气是“二分”（春分、秋分）和“二至”（夏至、冬至）。《吕氏春秋》记载，春秋时期出现了立春、立夏、立秋、立冬等节气。西汉《淮南子》一书中出现了全部的二十四节气。在其后的几千年中，二十四节气在中国古代社会指导农业耕种方面做出了巨大贡献。2016 年 11 月 30 日，二十四节气被正式列入联合国教科文组织人类非物质文化遗产代表作名录。

按照先后顺序，二十四节气依次是：立春、雨水、惊蛰、春分、清明、谷雨、立夏、小满、芒种、夏至、小暑、大暑、立秋、处暑、白露、秋分、寒露、霜降、立冬、小雪、大雪、冬至、小寒、大寒。为了便于记忆，人们把二十四节气编成《二十四节气歌》。

二十四节气歌

春雨惊春清谷天，夏满芒夏暑相连。
秋处露秋寒霜降，冬雪雪冬小大寒。
上半年逢六廿一，下半年逢八廿三。
每月两节日期定，最多相差一二天。

二十四节气指出了一年中气候的转换、雨水的多寡、气温的炎凉、霜雪的长短，是我国古代劳动人民长期对天文、气象、物候进行观测、探索和总结的成果，对农民农业生产具有相当重要和深远的影响。自西汉开始，二十四节气被当作指导农业生产的重要依据。即使现代气象学非常发达，农民仍然会依据二十四节气来安排农事。我国幅员辽阔，各地气候变化万千，一般来说，二十四节气更适用于黄河流域一代的农业生产。

立春，每年 2 月 6 日左右，是二十四节气中的第一个节气，象征春季的开始。过了立春，万物复苏、气温回升、大地回春、生机勃勃，一年四季从此开始了。

雨水，每年 2 月 21 日左右，此时春风遍地、冰雪融化、空气湿润、雨水增多，人们常说：“立春天渐暖，雨水送肥忙。”

惊蛰，每年 3 月 6 日左右，此时春雷开始震响，蛰伏在地下冬眠的动物开始苏醒并出土活动，过冬的虫卵开始孵化，树木生根发芽，此时是林果嫁接的最佳时期。惊蛰节气在农忙上有着相当重要的意义，我国劳动人民自古将其视为春耕开始的日子。

春分，每年 3 月 21 日左右，这一天太阳直射赤道，白天和黑夜各占一半，是春季 90 天的中分点。春分是北半球春季的开始，大部分越冬植物进入春季生长阶段。

清明，每年 4 月 5 日左右，此时气候温暖、草木萌发、万物生长，农民忙于春耕春种。中国人有清明祭扫祖先、郊外踏青的习俗。

谷雨，每年 4 月 20 日左右，意为“雨水生五谷”，此时雨量显著增加，适宜谷物生长，有“谷雨前后，种瓜种豆”的说法。

立夏，每年 5 月 6 日左右，是夏季的开始，气温显著升高、炎暑将至、雷雨增多，农作物进入旺盛生长阶段。

小满，每年 5 月 21 日左右，大麦、冬小麦等夏收作物籽粒开始饱满，但未成熟，所以叫小满。

芒种，每年 6 月 6 日左右，这时最适合播种各种有芒的谷类作物。“芒”是指有芒作物，如小麦、大麦等，“种”是指种子，芒种即表明小麦、大麦等有芒作物成熟，是夏熟夏播作物忙收忙种的季节。

夏至，每年 6 月 21 日左右，这一天太阳直射北回归线，是北半球白天最长、黑夜最短的一天，标志着炎热的夏天来临，天地万物在此时生长最为旺盛。

小暑，每年 7 月 6 日左右，这时暑气上升，正值初伏天前后，天气越来越热，但还不是最热的时候，所以叫小暑。

大暑，每年 7 月 23 日左右，是全年最热的时期，正值二伏天前后，经常出现高温天气，雨水多。

立秋，每年 8 月 6 日左右，标志着秋季开始。立秋后，秋高气爽、月明风清，气温从最热逐渐下降。

处暑，每年 8 月 23 日左右，“处”是止的意思，标志着炎热的夏季即将终止。处暑是温度下降的一个转折点，是气候变凉的象征。

白露，每年 9 月 6 日左右，这时气温逐渐降低，天气转凉，夜晚空气中的水汽在作物叶面上凝成白色的露水，故称为白露。

秋分，每年 9 月 23 日左右，这一天阳光从北往南移动，直射赤道，白天和黑夜一样长。这一天是秋季 90 天的中分点，故称为秋分。

寒露，每年 10 月 6 日左右，气候转冷、气温降低，草木渐渐枯萎，夜晚出现冷寒的露水，故称为寒露。

霜降，每年 10 月 23 日左右，此时气候寒冷，夜晚出现初霜，开始有霜冻了，故称为霜降。

立冬，每年 11 月 6 日左右，是冬季的开始。立冬一过，黄河中下游即将结冰，田间操作结束，作物收割完毕，农民陆续转入农田水利基本建设和其他农业活动。

小雪，每年 11 月 22 日左右，此时气温进一步下降，开始降雪，但还不到大雪纷飞的时节，故称为小雪。小雪前后，黄河流域开始降雪，南方降雪还要再晚两个节气。

大雪，每年 12 月 7 日左右，此时黄河流域降雪增大，地面出现积雪，北方已经是“千里冰封，万里雪飘”的严冬了。

冬至，每年12月22日左右，意为寒冷的冬天到来，阳光直射南回归线，此时白天最短、黑夜最长。冬至过后，阳光直射位置逐渐北移，北半球的白天逐渐变长，有“吃了冬至面，一天长一线”的说法。

小寒，每年1月6日左右，寒冬来临，此时冷空气持续增强，气候寒冷但还没有达到极点，故称为小寒。

大寒，每年1月23日左右，此时数九寒天到了三九，气候寒冷达到全年的极点。

大寒之后，立春接着到来，至此地球绕太阳公转一周，完成了一个循环。

相关链接

首个中国二十四节气研究基地

2017年，首届中国养生美食文化节在平度市胜利闭幕。闭幕会上，文化部恭王府博物馆党委副书记杨仲怡，向平度市授予“中国二十四节气研究中心平度研究基地”牌子。据悉，这是在全国确立的首个中国二十四节气研究基地。中国二十四节气与养生美食高峰论坛之所以选在平度，是因为在西汉，这里曾有一位名为徐万且的科学家，他参与编著了古代天文历法《太初历》。

《太初历》是我国历史上第一部比较完整的历法，也是我国历法史上一次重要改革，它第一次把二十四节气订入历法，推算出135个月有23次交食的周期。《太初历》实施于汉武帝太初元年（前104年）到东汉章帝元和二年（85年），长达189年之久。千百年前，平度地区老百姓运用二十四节气指导农事活动，经验十分丰富，也反映了农人们对二十四节气这一天文气象历法的依赖。平度地区古老的农耕文明，印证了平度是节气起源地之一的猜想。

二十四节气作为中国最重要的历法，影响人民生产生活数千年，它是中国劳动人民独创的文化遗产，它能反映季节的变化，指导农事活动，影响着千家万户的衣食住行。在平度，与二十四节气相关的民俗谚语比比皆是，如“冬至疙瘩夏至面”“寒露过，出红薯”……二十四节气展现出我国优秀的民族文化基因，是我国劳动人民智慧的结晶。

古代农业

传承经典

相传神农氏尝百草，教导人们农耕，是我国农业始祖。事实上，有关神农氏的传说，是我国农业从产生到确立的一个历史时期的反映。考古学证据表明，中国是世界上从事农业生产最早的国家之一。七八千年以前，中国古代先民就开始在长江流域种植水稻，在黄河流域种植粟。早期农业以种植业为中心，耕作方式是刀耕火种。商周时期，随着金属冶炼技术的发展，少量青铜农具出现，此时也开始兴建水利工程，农业技术有了初步发展。

中国古代农学著作

《氾胜之书》是西汉晚期一部重要的农学著作，也是中国现存最早的一部农学专著，书中记载了黄河中游地区的耕作原则、作物栽培技术和种子选育等农业生产知识，反映了当时劳动人民的伟大创造。

南北朝时期，中国北方旱地农业技术已经相对成熟，耕、耙、耱配套技术形成，多种大型复杂的农具先后被发明并运用，诞生了大型农业百科全书《齐民要术》。《齐民要术》是北朝北魏时期中国杰出农学家贾思勰所著的一部综合性农学著作，也是世界农学史上最早的专著之一，是中国现存最早的一部完整的农书。全书十卷九十二篇，系统地总结了 6 世纪以前黄河中下游地区劳动人民农牧业生产经验、食品的加工与贮藏、野生植物的利用，以及治荒的方法，详细介绍了季节、气候和土壤与种植农作物的关系，被誉为“中国古代农业百科全书”。

元朝时期，统治者采取了一系列发展农业的举措，比如建设水利、禁止圈农田为牧场、设置农官、主持编制农业书籍等，先后出现了几部农业科学专著，其中对后世影响最大的是《王祯农书》。《王祯农书》在古代汉族农学遗产中占有重要地位，以三大亮点开创了古代农业科学的先河：一是《王祯农书》第一次对广义农业生产知识做了较全面系统的论述，提出了中国农学的传统体系。《王祯农书》分农业通论、百谷介绍、农器图谱三部分。其中，农业通论部分以农事、牛耕、蚕桑等为主线，对广义的农业以及生产中的自然规律进行了阐释。而百谷介绍、农器图谱部分，则是谷物、农器的全景展示，完全可以作为封建农业的工具书。二是《王祯农书》中处处可见作者的创新之处，比如首创绘制了“授时指掌活法图”“全国农业情况图”等；在提出旱地处理理论的同时，首次提出了北方旱地“内外套翻法”、南方旱地“开渠作沟法”。三是《王祯农书》中有专业的配图。王祯考虑到图画对科学传播的重要性，便在书中专列“农器图谱”来介绍农业器具。书中将农器分为二十门，每门分细项，每项作一图，每图下作文字注解。

明朝宋应星编撰了《天工开物》，书中论述了稻、麦、黍、粟、稷、麻、菽等粮食作物的种植、栽培技术和生产工具，详细记载了当时农业生产中先进的科技成果。明朝徐光启的《农政全书》综合介绍了我国传统农学成就，建立了一个比较完整的农学体系，书中还介绍了欧洲先进的水利技术和工具。

旁征博引

中国古代农作物与农业生产方式

整体来说，中国本土的农作物包括水稻、小米、大豆、荞麦等，现在我们所食用的农作物不少是从其他地区引进的。据考证，在汉代之前，古人在煮菜时，只会利用动物的油脂，之后随着芝麻、油菜、大豆、花生的传入，人们的饮食结构、烹饪方式均发生了深远的变化。

汉朝时，葡萄、豌豆、大蒜、核桃、黄瓜、芝麻、石榴、棉花等农作物传入我国。唐朝时，胡椒、菠菜传入我国。宋朝时，胡萝卜传入我国。到了明朝，番薯、玉米、烟草、向日葵、番茄、花生、马铃薯等作物纷纷传入我国。

隋、唐、宋、元时期，经济重心不断从北方转移到南方，南方水田配套技术形成，水田专用农具不断发明并普及，土地利用方式增多，南北方农业同时得到大发展。明、清两朝，中国普遍出现人多地少的矛盾，农业生产进一步向精耕细作化方向发展。这一时期，美洲新大陆的许多农作物被引进中国，中国的农作物结构发生重大变化，多种经营和多熟种植成为农业生产的主要方式。

相关链接

后稷教民稼穑

后稷，姬姓，名弃，生于邰国（今陕西省武功县一带），被尊为稷王（也作稷神）、农神、耕神、谷神。

后稷在儿童时代就热爱农业、热爱劳动，喜欢种植麻、豆，且果实饱满。长大成人后，善于耕种，能根据地质好坏，选择适宜的品种播种，老百姓都效法他，使耕种得以推广。尧知道后，便聘任他为“农师”，管理全国农业，指导农业技术，使农作物的播种得到普及。

后稷把野生谷物转化为田生谷物，满足了人类对各种食品的需要，促进了农业发展，其间要经过无数次品尝试验，有成功的经验，也有惨痛的教训，走过了一个艰难的历程。他还品尝草木果实，体察其酸甜苦辣的味道，选出五谷，丰富了人类的食物。

后稷一生的主要功绩就是教民播种百谷，使人们有饭吃、有衣穿，他为播种百谷而辛勤劳作，最后死在山野之上。

后稷

古代手工

传承经典

《天工开物》是世界上第一部关于农业和手工业生产的综合性著作，是中国古代一部综合性的科学技术著作，也有人称它是一部百科全书式的著作，作者是明朝科学家宋应星。外国学者称它为“中国17世纪的工艺百科全书”。

《天工开物》由宋应星初刊于明崇祯十年（1637年），共三卷十八篇，全书收录了农业和手工业的生产技术，诸如机械、砖瓦、陶瓷、硫黄、烛、纸、兵器、火药、纺织、染色、制盐、采煤、榨油等。

治　铁[1]

凡治铁成器，取已炒熟铁为之。先铸铁成砧，以为受锤之地。谚云“万器以钳为祖”，非无稽之说也。凡出炉熟铁名曰毛铁。受锻之时，十耗其三为铁华、铁落。若已成废器未锈烂者名曰劳铁，改造他器与本器，再经锤煅，十止耗去其一也。凡炉中炽铁用炭，煤炭居十七，木炭居十三。凡山林无煤之处，锻工先择坚硬条木烧成火墨。（俗名火矢，扬烧不闭穴火。）其炎更烈于煤。即用煤炭，也别有铁炭一种，取其火性内攻，焰不虚腾者，与炊炭同形而有分类也。

凡铁性逐节粘合，涂上黄泥于接口之上，入火挥槌，泥滓成枵而去，取其神气为媒合。胶结之后，非灼红斧斩，永不可断也。凡熟铁、钢铁已经炉锤，水火未济，其质未坚。乘其出火时，入清水淬之，名曰健钢、健铁。言乎未健之时，为钢为铁，弱性犹存也。凡焊铁之法，西洋诸国别有奇药。中华小焊用白铜末，大焊则竭力挥锤而强合之，历岁之久终不可坚。故大炮西番有锻成者，中国惟恃冶铸也。

〔1〕节选自《天工开物·中篇·锤锻》。

旁征博引

素纱襌衣

西汉直裾素纱襌衣，是国家一级文物，1972年出土于湖南长沙马王堆一号汉墓，现藏于湖南省博物馆。

西汉直裾素纱襌衣衣长 128 厘米，通袖长 190 厘米，袖口宽 29 厘米，腰宽 48 厘米，下摆宽 49 厘米，共用料约 2.6 平方米。整件素纱襌衣分量仅 49 克，不足一两。除去袖口和领口部分，其余仅重 20 克左右。

此件素纱襌衣为交领、右衽、直裾，类似汉时流行的上下衣裳相连的深衣，而袖口较宽。除衣领和袖口边缘用织锦做装饰外，整件衣服以素纱为面料，没有衬里，没有颜色，故出土遣册称之为素纱襌衣。它由精缫的蚕丝织造，以单经单纬丝交织的方孔平纹而成，丝缕极细，轻盈精湛，孔眼均匀清晰，可谓轻若烟雾，薄如蝉翼。其纬丝强拈，拈向一致；经丝弱拈，拈向交错，因而幅面自然形成皱纹。

西汉直裾素纱襌衣

素纱是秦汉时期做夏服和衬衣的一种非常流行的衣料，它是指一种单色、纤细、稀疏、方孔、轻薄的织物。因其经纬密度较小，故两纱线之间间隔较大，整体呈现出稀疏通风、轻薄飘逸的风格，周代即已广泛运用。

西汉直裾素纱襌衣织造所用的四组经丝，为两组地纹经、一组底经及一组较粗的绒圈经。在织造时绒圈经起环状绒圈，再织入起绒纬，织好后再将其抽去，使被织的绒圈经形成环状。组织结构如此复杂的织法，是汉代织造技艺高度发达的标志。

不同于现代采用家养四眠蚕作为主要的蚕丝来源，西汉时期饲养的多是“三俯三起”的三眠蚕。“俯”与“起”指的是蚕休眠与蜕皮的活动，三眠蚕即为经历三次休眠与蜕皮的蚕。三眠蚕相对现代所用的四眠蚕所吐出的蚕丝更加纤细，蚕茧也小，织造出来的织物也更加纤细轻薄。

西汉直裾素纱襌衣高超的制作技艺代表了西汉初期养蚕、缫丝、织造工艺的最高水平，2002 年被国家文物局列入《首批禁止出国（境）展览文物目录》。

相关链接

黄道婆

黄道婆（1245—1330年），松江府乌泥泾镇（今上海市华泾镇）人，宋末元初著名的棉纺织家、技术改革家。

黄道婆出身贫苦，从小做童养媳，受到公婆和丈夫的百般虐待。有一次，在遭受毒打之后，她设法逃出家门，躲到一条海船上，随船来到海南南端的崖州。当地的黎族人见黄道婆衣衫褴褛、面容憔悴，便收留了她。

当时，崖州盛产木棉，当地的植棉方法和纺织技术都比较先进。于是，黄道婆便认真地向黎族同胞学习植棉方法和纺织技术。虽然黄道婆在崖州过得衣食无忧，但是她常常思念家乡，希望用学到的先进技术造福家乡人民。重返家乡后，她无私地向乡亲们传授崖州的植棉技术，使当地的棉花产量逐渐提高。同时，她耐心地教人们用新式的工具纺纱织布。为了进一步提高工作效率，她又将学到的纺织技术进行改革，制成一套扦、弹、纺、织工具（如搅车、椎弓、三锭脚踏纺车等），提高了纺纱效率。在织造方面，她用错纱、配色、综线等技术，织制出有名的乌泥泾被。

黄道婆推动了松江一带棉纺织技术和棉纺织业的发展，受到了百姓的敬仰。

中医中药

传承经典

中医学是中国古代科学的重要组成部分，诞生于原始社会，在春秋战国时期已基本形成理论，在其后的几千年中不断总结发展。中医承载着中国古代人民同疾病做斗争的经验和理论知识，是在古代朴素的唯物论和自发的辩证法思想的指导下，通过长期医疗实践逐步形成并发展而成的医学理论体系，是中国传统文化中极其宝贵的遗产。

中医学不仅造福了古代中国人民，还对周边国家医学的发展产生了深远的影响。日本的汉方医学、韩国的韩医学、朝鲜的高丽医学、越南的东医学等都是在中医的基础上发展起来的。

中医药四大经典

《黄帝内经》《难经》《伤寒杂病论》《神农本草经》是中医药四大经典巨著，它们在中医药发展史上具有重要作用，具有里程碑式的意义，对古代乃至当代中医药都有着巨大的指导作用与研究价值。

《黄帝内经》是中国最早的医学典籍，成书于先秦至汉代，第一次系统讲述了人的生理、病理、疾病、治疗的原则和方法，是中国影响极大的一部医学著作。《黄帝内经》中还有许多与人体健康有关的其他内容，特别是其中的“治未病”思想，对当代中医临床仍然具有非常重要的指导意义。《黄帝内经》蕴藏了很多哲理，医德思想内涵丰富、外延广泛。2011 年 5 月，《黄帝内经》成功入选联合国教科文组织的《世界记忆名录》。《黄帝内经》中的养生格言有：“味伤形，气伤精。精化为气，气伤于味。”“提挈天地，把握阴阳。呼吸精气，独立守神，肌肉若一。”“怒则气上，喜则气缓，悲则气消，恐则气下，惊则气乱，思则气结。”“志意和则精神专直，魂魄不散，悔怒不起，五脏不受邪矣。”等等。

《难经》传为秦越人（扁鹊）所作。《难经》之“难”字，有“问难”或“疑难”之义。全书共八十一难，采用问答方式，探讨和论述了中医的一些理论问题，内容包括脉诊、经络、脏腑、阴阳、病因、病机、营卫、腧穴、针刺、病证等方面。这些内容对后世医学理论的发展有深远的影响。

《伤寒杂病论》是我国第一部临床治疗学方面的巨著，作者是东汉末年著名医学家、被后人尊称为“医圣”的张仲景。《伤寒杂病论》系统地分析了伤寒的原因、症状、发展阶段和处理方法，创造性地确立了对伤寒病“六经分类”的辨证施治原则，奠定了理、法、方、药的理论基础。

《神农本草经》于东汉时期集结整理成书，是众多医学家搜集、总结、整理当时药物学经验成果的专著，是对中国中医药的第一次系统总结，是中医药物学理论发展的源头。

旁征博引

中国古代名医

1. 扁鹊

秦越人（约前407—前310年），世称“扁鹊”，今山东临淄人，春秋战国时期著名的医学家。

扁鹊年轻时跟随长桑君学医，认真总结前人经验，结合医疗实践，在诊断、病理、治法上对中医学做出了卓越的贡献。在诊断方法上，扁鹊采用了“望、闻、问、切”四诊合参法；在治疗手段上，扁鹊提出将辨证论治与综合治疗相结合，使用砭石、针灸、汤液、按摩、手术、导引等方法综合治疗；在疾病预防方面，扁鹊重视未病先防，并提出了“六不治”。

四诊是搜集临床资料的主要方法，而搜集临床资料则要求客观、准确、系统、全面、突出重点，这就必须“四诊合参”。望诊是医生观察病人形体、面色、舌体、舌苔，根据形色变化确定病位、病性。闻诊是医生通过听声音和闻气味，以了解病体发出的各种异常声音和气味，诊察病情。问诊是询问病人及其家属，了解疾病的发生、发展、治疗经过及病史，为诊断提供依据。切诊包括脉诊和按诊两部分内容。脉诊是按脉搏；按诊是在病人身躯上一定的部位触摸、按压，以了解疾病的内在变化或体表反应。

“人之所病，病疾多，而医之所病，病道少。故病有六不治：骄恣不论于理，一不治也；轻身重财，二不治也；衣食不能适，三不治也；阴阳并，藏气不定，四不治也；形羸不能服药，五不治也；信巫不信医，六不治也。有此一者，则重难治也。”（《史记·扁鹊仓公列传》）

扁鹊提出“六不治”，意思是六种不能治愈的表现，分别是：骄横跋扈、蛮不讲理的人，不能治愈；贪图钱财、不顾性命，舍命不舍财的人，病更难治；暴饮暴食，饮食无常，对服饰、饮食、药物等过于挑剔，不能适应的人，虽服药而难治愈；病深不早求医、五脏功能失调、体内气血错乱、脏腑功能严重衰竭的人，为难治之疾；身体极度虚弱，不能服药或不能承受药力的人，为沉疴痼疾，难以救治；信奉鬼神、巫术而不信医学的人，不能治愈。

2. 张仲景

张仲景（约 150—约 219 年），名机，字仲景，南阳涅阳县（今河南邓州）人，东汉末年著名医学家，被后人尊称为“医圣”。

张仲景广泛收集医方，写出了传世巨著《伤寒杂病论》，该书确立了辨证论治原则，这是中医的灵魂所在，是中医临床的基本原则。

中医学理论体系是经过长期的临床实践，在唯物论和辩证法思想指导下逐步形成的，通过对现象的分析来探求其内在机理。中医具有完整的理论体系，其独特之处在于“天人合一”“天人相应”的整体观念及辨证论治。

3. 华佗

华佗（约 145—208 年），字元化，一名旉，沛国谯县（今安徽亳县）人，东汉末年著名医学家。

华佗少时在外游学，他医术全面，尤其擅长外科，精于手术。华佗发明了麻沸散，开创了世界麻醉药物的先河，并首创全身麻醉法施行外科手术，被后人称为“外科鼻祖”。他精通内、妇、儿、针灸各科，并仿虎、鹿、熊、猿、鸟的动态创作“五禽戏”，教导人们强身健体。华佗被人们誉为“神医”，后世多以“华佗再世”来称誉医术杰出的医师。

4. 李时珍

李时珍（1518—1593 年），字东璧，号濒湖，湖北蕲州（今湖北蕲春县）人，明朝著名医药学家。

《本草纲目》用了近三十年时间编成，全书 52 卷，记载药物 1892 种，附药图 1160 余幅，全书约 190 万字，分为 16 部、60 类。书中阐述药物的性味、主要功能、用药法则、产地、形态、采集、炮制、方剂配伍等，不仅纠正了过去本草学中的若干错误，还综合了大量科学资料，提出了较科学的药物分类方法，反映了丰富的临床实践，集中国 16 世纪之前药学成就之大成。

相关链接

对症下药

一次，府吏倪寻和李延生病了，他们一同去找华佗诊治。两人的感觉相同，都是头很疼，全身发热。华佗经过望色、诊脉，给他们开出不同的药。倪寻和李延非常奇怪："我俩同一症状，吃的药为什么有那么大的区别？是不是华佗弄错了？"于是，他们向华佗请教。

华佗问道："生病前你们都做了什么？"

倪寻说："我昨天赴宴回来，就感到有点不舒服，今天就头疼发烧了。"

李延说："我好像是昨天没盖好被子受凉了。"

华佗解释道："倪寻的病是由于饮食过多引起的头疼身热，病在内，应当服泻药通肠胃，将积滞泻去，病就好了。李延的病是因为外感风寒受凉引起感冒发烧，病在外，应当吃解表药发汗，风寒之邪随汗而去，头痛也就好了。你们的病情表面差不多，但病因相异，治疗的办法理应不一样才对啊！"

二人拜服，回家后各自将药熬好服下，很快都痊愈了。

本章总结

课程思政

青蒿素——中医药给世界的一份礼物

2015 年，因发现治疗疟疾的新药物疗法，中国女科学家屠呦呦获得诺贝尔生理学或医学奖。多年从事中药和中西药结合研究的屠呦呦，带领团队创造性地研制出抗疟新药——青蒿素和双氢青蒿素，被誉为“拯救 2 亿人口”的发现，为中医药走向世界指明了方向。

“中国医药学是一个伟大宝库，应当努力发掘，加以提高。青蒿素正是从这一宝库中发掘出来的。通过抗疟药青蒿素的研究经历，我深感中西医药各有所长，二者有机结合，优势互补，当具有更大的开发潜力和良好的发展前景。”2015 年 12 月 7 日，在瑞典卡罗林斯卡学院，中国中医科学院研究员屠呦呦发表了题为“青蒿素——中医药给世界的一份礼物”的演讲。在演讲中，她回顾了青蒿素的发现过程，并表示，学科交叉为研究发现成功提供了准备，文献启示起到了关键作用，中医药是一个丰富的宝藏，通过继承发扬，发掘提高，一定会有所发现，有所创新，从而造福人类。

“青蒿素——中医药给世界的一份礼物”，随着屠呦呦获得诺贝尔奖，这句话迅速为全世界所知，在中国乃至全世界引发了更多人对中国传统医药的关注和兴趣。

平语近人

我一直在思考，为什么从明末清初开始，我国科技渐渐落伍了。有的学者研究表明，康熙曾经对西方科学技术很有兴趣，请了西方传教士给他讲西学，内容包括天文学、数学、地理学、动物学、解剖学、音乐，甚至包括哲学，光听讲解天文学的书就有 100 多本。是什么时候呢？学了多长时间呢？早期大概是 1670 年至 1682 年间，曾经连续两年零 5 个月不间断学习西学。时间不谓不早，学的不谓不多，但问题是当时虽然有人对西学感兴趣，也学了不少，却并没有让这些知识对我国经济社会发展起什么作用，大多是坐而论道、禁中清谈。1708 年，清朝政府组织传教士们绘制中国地图，后用10年时间绘制了科学水平空前的《皇舆全览图》，走在了世界前列。但是，这样一个重要成果长期被作为密件收藏内府，社会上根本看不见，没有对经济社会发展起到什么作用。反倒是参加测绘的西方传教士把资料带回了西方整理发表，使西方在相当长一个时期内对我国地理的了解要超过中国人。这说明了一个什么问题呢？就是科学技术必须同社会发展相结合，学得再多，束之高阁，只是一种猎奇，只是一种雅兴，甚至当作奇技淫巧，那就不可能对现实社会产生作用。

——节选自习近平在中国科学院第十七次院士大会、中国工程院第十二次院士大会上的讲话（2014年6月9日）

当前，人类正在经历第二次世界大战结束以来最严重的全球公共卫生突发事件，新冠肺炎疫情仍在全球蔓延，我国面临多重疾病负担并存、多重健康影响因素交织的复杂状况，特别是突发急性传染病传播迅速、波及范围广、危害巨大，同时人民群众多层次多样化健康需求持续快速增长，健康越来越成为人民群众关心的重大民生福祉问题。加快提高卫生健康供给质量和服务水平，是适应我国社会主要矛盾变化、满足人民美好生活需要的要求，也是实现经济社会更高质量、更有效率、更加公平、更可持续、更为安全发展的基础。

——节选自习近平在教育文化卫生体育领域专家代表座谈会上的讲话（2020年9月22日）

综合实践活动

古法制造传习之旅

主题：学习一项古法手工艺，体验传统工匠精神。

要求：以小组为单位，寻找家乡的民间传统文化手工艺品，并向匠人学习制作手工艺品。

总结：将制成的作品在班级中进行展示。

参考文献

[1] 胡恒庆．中国传统文化［M］．北京：中国人民大学出版社，2017.

[2] 雷武逵．感悟中华优秀传统文化［M］．北京：北京师范大学出版社，2020.

[3] 贺双俊，贾书堂．中职生传统文化教育读本［M］．北京：中国人民大学出版社，2020.

[4] 黄毅，梁洁．中国文化要论［M］．北京：清华大学出版社，2020.

[5] 程裕祯．中国文化要略［M］.4 版．北京：外语教学与研究出版社，2017.

[6] 吕思勉．中国政治思想史［M］．北京：北京出版社，2018.

[7] 胡适．中国哲学史大纲［M］．北京：东方出版社，2012.

[8] 林徽因．中国建筑常识［M］．北京：北京理工大学出版社，2017.

[9] 钱发平．儒家简史［M］．北京：华龄出版社，2005.

[10] 李翰文．史记：精注全译全本［M］．北京：北京联合出版公司，2016.

[11] 杨永生，刘叙杰，林洙．中国近现代建筑五宗师［M］．武汉：华中科技大学出版社，2018.

[12] 程俊英．诗经译注［M］．上海：上海古籍出版社，2016.

[13] 蒋勋．写给大家的中国美术史［M］．北京：生活·读书·新知三联书店，2015.

[14] 梁思成．中国建筑史［M］．北京：生活·读书·新知三联书店，2011.

[15] 傅熹年．中国古代建筑概说［M］．北京：北京出版社，2016.

[16] 王双双．中国古代科学技术［M］．北京：北京大学出版社，2009.

[17] 陈美东．简明中国科学技术史话［M］.2 版．北京：中国青年出版社，2009.

[18] 许嘉璐．中国古代衣食住行［M］.3 版．北京：北京出版社，2016.

[19] 高君子．中国节［M］．哈尔滨：哈尔滨出版社，2015.

[20] 方诗铭．中国历史纪年表［M］．上海：上海书店出版社，2013.

[21] 赵荣光．中国饮食文化概论［M］．北京：高等教育出版社，2018.

[22] 李楠．中国古代交通［M］．北京：中国商业出版社，2015.